シリーズ「遺跡を学ぶ」

041

松島湾の縄文カレンダー

里浜貝塚

会田容弘

新泉社

松島湾の縄文カレンダー
—里浜貝塚—

会田容弘

【目次】

第1章　松島の海と貝塚

1　縄文研究の第一級資料

松島湾に浮かぶ島

太平洋側の明るい日ざしを受け、青々とした木々がこんもりとした大小二六〇余の島々が波静かな湾内に連なっている——。京都府の天橋立《あまのはしだて》、広島県の厳島《いつくしま》とならんで、日本三景の一つに数えられる宮城県の松島《まつしま》。

この松島湾に浮かぶ島々のなかで北に位置する最大の島が宮戸島《みやとじま》である（図1・2）。本土とは一〇メートルほどの橋で結ばれており、島のほぼ中央には小高い大高森《おおたかもり》の山がそびえ、ここからの眺望は壮観というにふさわしい。

島は起伏に富んでいる。急傾斜な丘陵の尾根が枝分かれして連なり、その先端は崖となって海に突き出る。尾根と尾根の間は谷やお盆状の平地となり、その海辺は砂浜となっている。い

図 1 ● 宮戸島の里浜貝塚
松島湾には大小 260 余の島々が連なり、そのなかで最大の宮戸島に日本一の面積をほこる里浜貝塚がある。写真中央の人家周辺に里浜貝塚の各地点が散在している。くわしくは図 14 参照。

まは、平地のほとんどが水田として利用され、丘陵上のわずかな平坦地は畑として利用されている。

浜ごとに四つの集落がある。松島湾に面した里浜《さとはま》、月浜《つきはま》、太平洋に面する大浜《おおはま》、室浜《むろはま》である。それぞれの浜には漁港があり、宮戸島の人びとは半農半漁の生活を営んでいる。春のシラウオとりから始まり、冬のボッケ（ケムシカジカ）漁まで、宮戸を囲む海はウニやアワビ、スズキ、アイナメ、ソイ、メバル、カレイなどのさまざまな自然の恵みにあふれている。

里浜貝塚

こうした豊かな自然環境に恵まれた宮戸島のほぼ真ん中に、約六〇〇〇年前の縄文時代前期から約二〇〇〇年あまり前の弥生時代まで、四〇〇〇年以上にもわたって人びとが住みつづけた遺跡、里浜貝塚がある。北側はいまも松島湾を間近にひかえ、縄文時代には南の太平洋側からも入り江がのびていた（図2）。

里浜貝塚からは、土器、石器ばかりでなく、一般の遺跡では残りにくい骨角器《こっかくき》が大量に出土した。それらは銛《もり》、ヤス、釣針などの漁具、ペンダントや腰飾り、貝輪《かいわ》（腕輪）といった装身具類と、さまざまな用途のものであった。

また貝類、魚骨、獣骨などもたくさん出土し、さらに植物が腐らずにそのまま姿をとどめている泥炭層《でいたんそう》もみつかり、縄文人の生業や食生活などを復原する研究に貢献している。まさに里浜貝塚は、縄文時代研究に第一級の資料を提供する遺跡なのである。

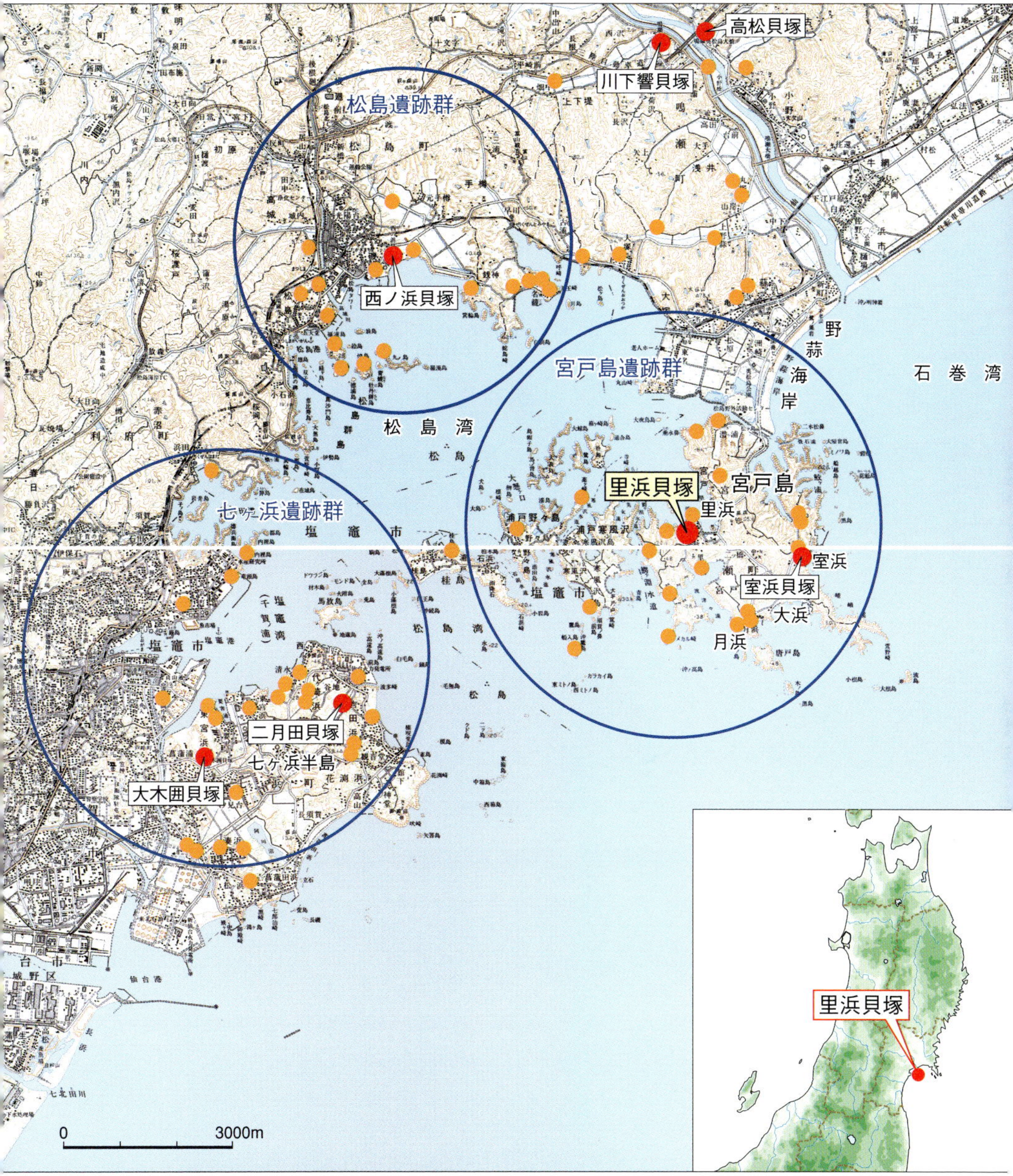

図２●松島湾と沿岸の貝塚群
松島湾は全国屈指の縄文時代貝塚の宝庫で、特別名勝松島として縄文時代以来の自然景観をいまも残している。丸印が貝塚。（中央の白線は上下２枚の地図の境目）

2　松島湾沿岸の貝塚群

貝塚密集地帯

宮城県内には約二一〇カ所の貝塚がある。なかでも松島湾沿岸には約七〇カ所が集中し、全国でも屈指の貝塚密集地帯となっている。明治時代の末ごろから全国的に知られており、すぐれた考古学者たちによって調査がおこなわれてきた。学史に登場する貝塚も数多い。これまでも、そして現在も、なお考古学者を魅了してやまない貝塚群である。

松島湾岸の貝塚群は三つの群にわけることができる（図2）。湾の南西部にまとまる七ヶ浜《しちがはま》遺跡群（大木囲《だいぎがこい》貝塚・図3、二月田《にがで》貝塚など）、湾奥側にあたる松島遺跡群（西ノ浜《にしのはま》貝塚を中心とする）、そして松島湾と外海にはさまれた宮戸島遺跡群（里浜貝塚、室浜《むろはま》貝塚を中心とする）である。さらに里浜貝塚から北東に三キロほどの鳴瀬川《なるせがわ》下流には、川下響《かわくだりひびき》貝塚、高松《たかまつ》貝塚を中心とする遺跡群がある。これらはいずれも、ほぼ縄文前期から晩期にかけて形成された貝塚群である。

七ヶ浜遺跡群

七ヶ浜遺跡群は里浜貝塚とは対岸の七ヶ浜半島に位置する。このうち大木囲貝塚は七ヶ浜半島の松島湾側に突き出た舌状《ぜつじょう》台地上に形成され、遺跡の広がりは優に東西四五〇メートル、南北六〇〇メートルにもおよぶ。縄文前期から後期初頭まで、継続して営まれた集落にともなう貝塚である。山内清男《やまのうちすがお》によって大木《だいぎ》1式から10式までの土器型式が設定され、東北地方の縄文前期から中期の土器型式編年の基準となった遺跡でもある。

二月田貝塚は七ヶ浜半島の先端近くにあり、大きな入り江にのぞむ台地上に東西一四〇メートル、南北一一〇メートルの貝塚が広がる。縄文後期から晩期まで形成され、とくに土器製塩遺構や埋葬人骨などが著名である。このほか七ヶ浜遺跡群には、松島湾沿岸貝塚群で最古の貝塚である早期の吉田浜《よしだはま》貝塚、縄文前期の左道《さみち》貝塚、晩期の沢上《さわがみ》貝塚などもある。

松島遺跡群

湾奥側にあたる松島遺跡群のなかの中核となる西ノ浜貝塚は、台地の縁辺に馬蹄形《ばていけい》に広がり、東西一三〇メートル、南北二〇〇メートルにもおよぶ。縄文前期から弥生時代中期まで、ほぼ継続した集落が営まれたと考えられている。戦後の調査によって、縄文後期土器編年の指標ともなった。

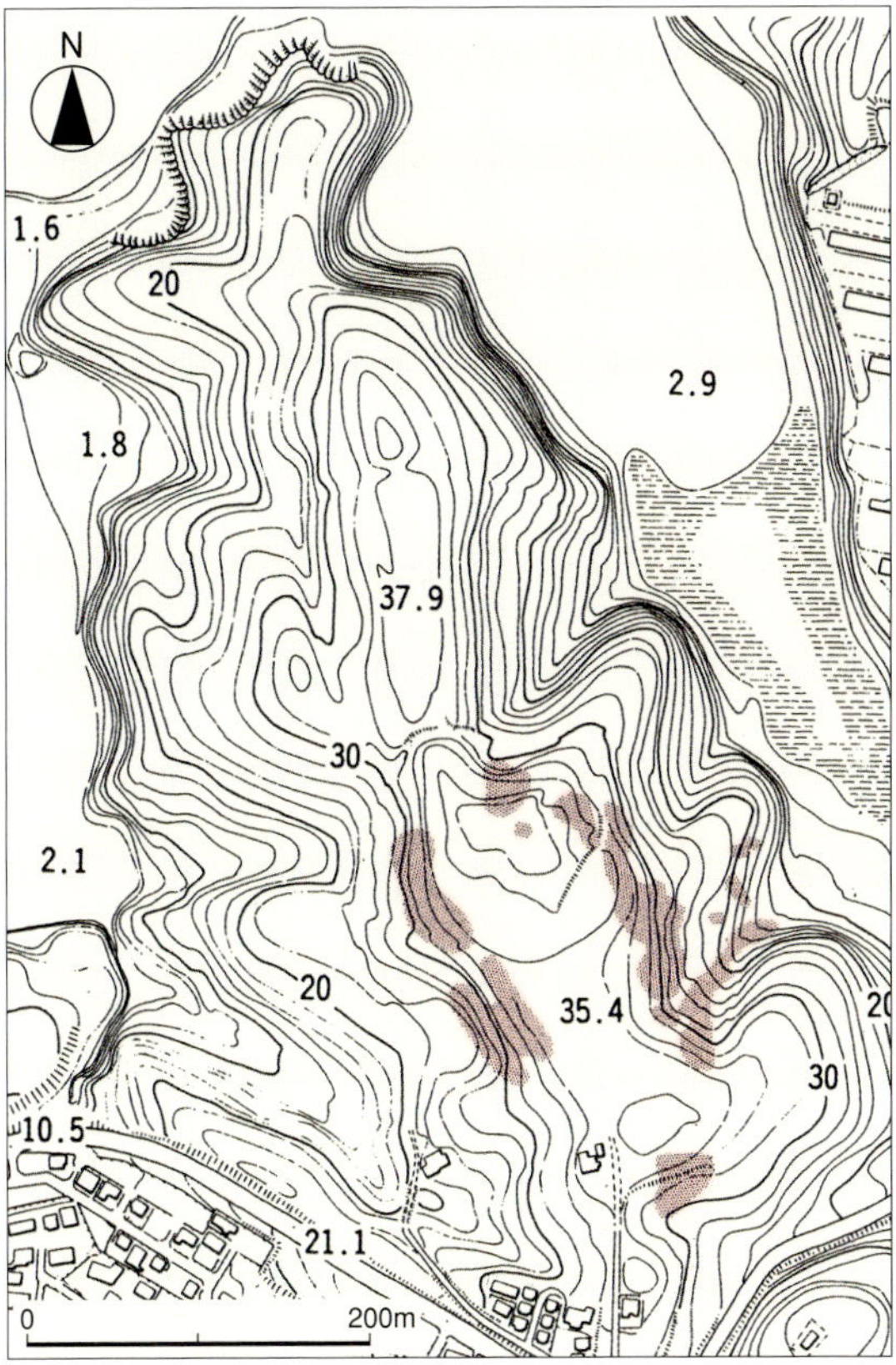

図3 ● **大木囲貝塚**
1917年の松本彦七郎についで、長谷部言人、清野謙次らが発掘し、1927～29年の山内清男の調査で縄文前・中期編年の大綱が定められた。

宮戸島遺跡群

宮戸島遺跡群の中心となるのが里浜貝塚である。松島湾に面した里浜の高台に位置し、島内最大の集落にともなう貝塚である。このほか島内には小さな貝塚や遺跡が散らばっているが、外洋に面した室浜貝塚が里浜につぐ規模の貝塚であるほかは、小規模な遺跡である。

室浜貝塚は、宮戸島の東端近くの二つの丘陵をつなぐ鞍部《あんぶ》に形成された縄文前期と後期の遺跡で、貝塚の広がりは不詳だが、遺跡自体は東西三〇メートル、南北五〇メートルほどと推定される。斎藤忠《さいとうただし》の調査資料をもとに山内が前期初頭の土器型式として室浜式を設定したことで知られるが、宮戸島で最初に形成された貝塚という点で重要である。

以上のように、東西約一〇キロの松島湾をとり囲んで三カ所に貝塚遺跡群、つまり集落群が集中しており、そこに約四〇〇〇年間、人びとが暮らしていたのである。天気のよい日には、対岸の集落からたなびく煙もみえたことであろう。

このような近距離に複数の集落が存在してもつきることのない資源が、松島湾をとり囲む自然環境にあったのである。

3　里浜の海と森

里浜の海

いまから約二万五〇〇〇年前、地球は最終氷期のなかで、もっとも寒い時代を迎えていた。

この最寒冷期は、現在よりも平均気温が五度から六度ほど低く、北海道はサハリンから大陸まで地つづきとなり、津軽海峡と朝鮮海峡もごく幅狭く、日本列島は大陸とほぼ陸つづきの状態であった。そのころの海岸線は宮戸島のはるか沖合にあり、宮戸島も列島の一部であった。

その後、徐々に気候は温暖化へと向かう。日本列島では、約一万五〇〇〇年前に土器づくりが始まる。土器という新しく登場した器は、温暖化によって拡大した森林や野山が生み出す植物質食料を煮炊きして摂取しやすくするという、すぐれた耐熱容器であった。縄文時代が始まり、人びとが半定住の生活をしはじめるころである。東北地方でも山形県高畠町《たかはたまち》の洞窟遺跡などで、最古の縄文土器が発見されている。

気候はさらに暖かくなり、それにとも

図4 ● **里浜の森**
大高森から望んだ里浜集落。特別名勝松島の指定地内であることから、
開発から守られた里浜貝塚と緑豊かな縄文の森と海がいまも残っている。
宮戸島には棕櫚やツバキ、アオキなどの照葉樹林も自生している。

なって海水面も上昇し、松島湾が形成された。縄文時代初めごろの宮戸島には、まだ人の気配はない。

以後、地球的な気候変動によって二メートルほどの海水面の上昇があったと考えられるが、松島湾は比較的深いために宮戸島の海岸線にはあまり大きな変動は認められない。里浜貝塚の縄文時代の地形は、その後現在まで大きく変わることはなかった。

約八〇〇〇年前、縄文時代早期後半になってようやく松島湾最古の吉田浜貝塚がつくられる。縄文人たちは海の資源に目を向け、松島湾沿岸に住みはじめる。

約六〇〇〇年前、縄文時代前期初頭は、もっとも暖かくなった時期である。気温が上昇したことにより海水面も上昇し、鳴瀬川流域の大崎《おおさき》平野では現在の海岸線から二〇キロメートルあまりも奥深くまで海が入りこんでいく。このころ、宮戸島の里浜にも最初の縄文人の生活の跡が認められるようになる。

里浜の森

こうした気候変動にともなう環境変化を知るには、里浜貝塚の調査で確認された二カ所の泥炭層からみつかった、たくさんの植物遺存体や花粉資料が参考となる。放射性炭素年代測定により、これら植物遺体形成層の最下層が、いまから約六〇〇〇年前、つまり縄文前期であることがわかり、それ以後、現代までの里浜の環境史が明らかになった(図5)。

花粉分析によって、縄文の森はいまよりもずっと豊かで、クリ、トチ、アサダ、イヌシデ、ケヤキ、ムクノキ、イタヤカエデ、モチノキ属、クマノミズキ、ハリギリ、コハクウンボク、ガマズミなどのさまざまな落葉広葉樹によって構成されていたことがわかった。

　落葉広葉樹は木の実を多くみのらせるが、なかでも注目されるのは、縄文中期にはクリ林が多いのに対して、縄文後期中ごろにはトチノキ林が拡大した様子が確認できる点である。人の手が加わることによって、里山のような人為的な植物生態系がつくりだされた可能性が考えられている。

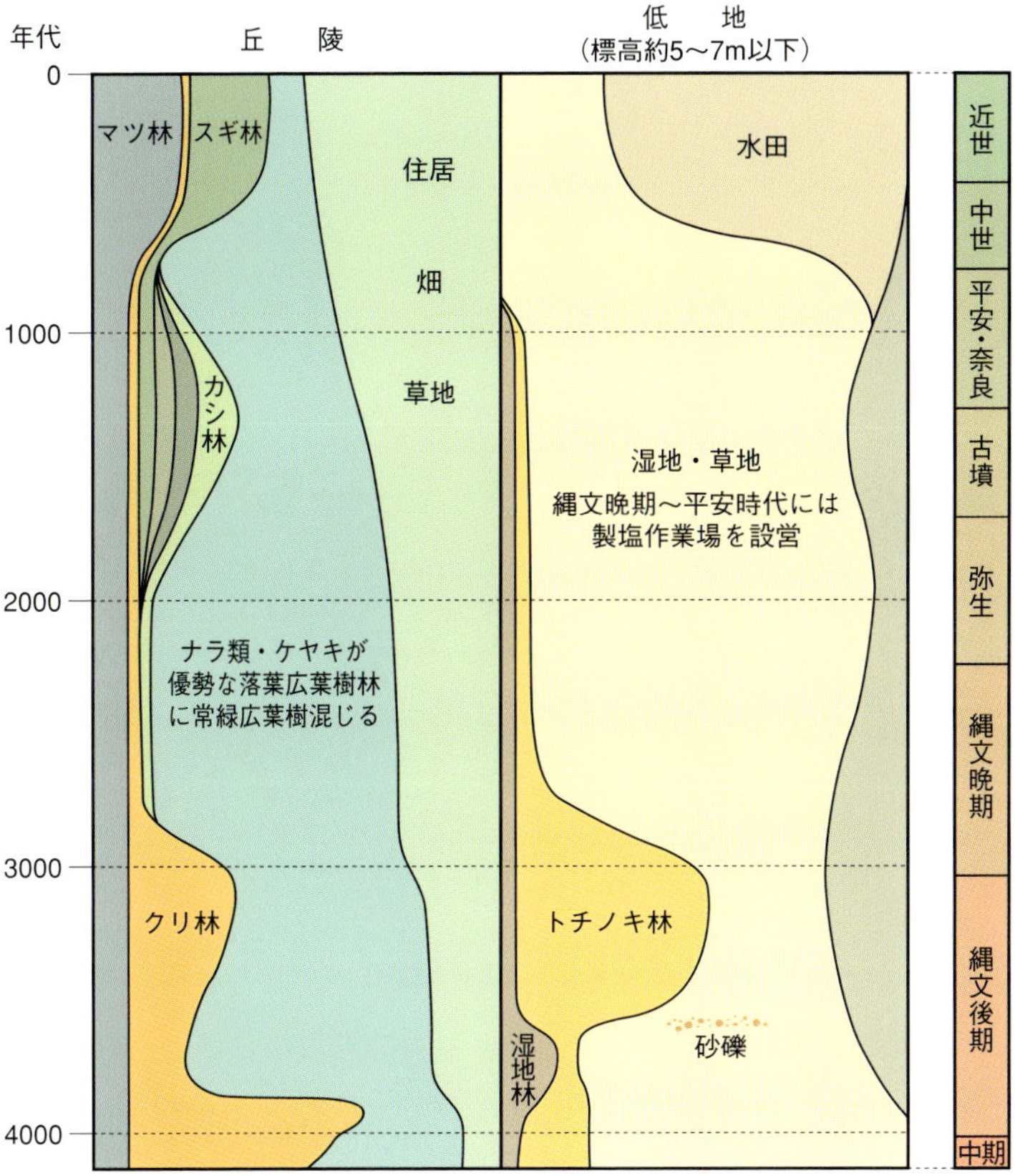

図5 ● 里浜貝塚の環境の変遷
西畑地区と里地区の泥炭層の発掘調査によって検出された花粉化石と、植物遺存体によって復原された里浜貝塚の環境変遷。年代は放射性炭素年代測定による。

第2章　発掘の歴史

1　松本彦七郎と層位的発掘調査

最初の本格的な発掘調査

里浜貝塚の資料を最初に本格的に紹介したのは、高島多米治《たかしまためじ》という明治時代の考古資料のコレクターであった。高島は日本中の貝塚を踏査し、多くの資料を収集していた。そのコレクションのなかには、戦前に重要美術品に指定された里浜貝塚出土の鹿角製腰飾りがある。また、一九〇九年（明治四二）に山中樵《やまなかしょう》らによって結成された仙台考古会も、積極的に里浜貝塚を紹介したという。

しかし、里浜貝塚の名前が日本考古学史のなかに燦然と輝くのは、当時、東北帝国大学理学部古生物学教室の講師だった松本彦七郎《まつもとひこしちろう》（図6）の業績による。

調査のきっかけは、一九一八年（大正七）、東北帝国大学大学院生であった早坂一郎《はやさかいちろう》が貝の調査のために宮戸島を訪れた際に、七尺（約二・一メートル）の貝層断面の露頭に遭遇したことであった。ちょうど里浜漁港の工事中で、土取りをおこなった際に貝層も掘り起こされたもので、巨大な貝層とともに人骨も散見されたという。

この早坂の知らせが松本を里浜に駆り立て、すぐさま発掘調査がおこなわれた。それが一九一八年（大正七）の里浜貝塚最初の学術的な発掘調査であった。松本はこの調査で、貝層を一〇層に区分して遺物をとり上げている。さらに十数体の縄文人骨も発掘した。これだけ大量の縄文人骨が発見されたのは東北地方では、はじめてのことであった。

二回目の調査

松本は調査報告の記述のなかで、全出土資料をもち帰らなかったことを反省している。当時の調査では、文様のある土器だけをもち帰るのが通常であった。しかし、松本はそれをよしとはせず、翌一九一九年（大正八）にふたたび里浜貝塚寺下囲地点の発掘をおこなった。

これが、目的をもった貝塚の層位的発掘の始まりである。松本はこの成果を「宮戸島里浜介《かい》塚《づか》の分層的発掘成績」として『人類学雑誌』誌

図６●松本彦七郎
1921年ごろの松本博士。新進気鋭の古生物学者として東北帝国大学に着任したころ。

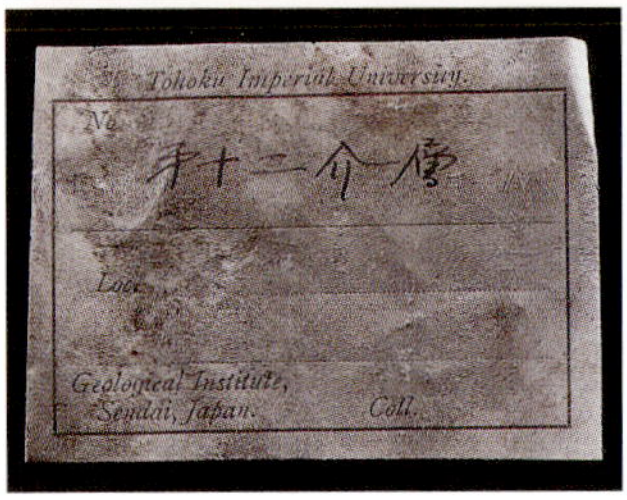
Tohoku Imperial University.
No.
第十二介層
Loc.
Geological Institute,
Sendai, Japan.
Coll.

仙台市青葉区片平丁の東北大学理学部標本館の一室に松本博士が発掘した里浜貝塚の資料が平箱に整理され保管されていた（上）。平箱のなかの紙箱には当時のラベルが入っていた（左）。

里浜貝塚第 12 介層出土土器
（大洞 BC 式）

東北大学理学部標本館のなかの展示室。このガラスケースのなかに里浜貝塚出土人骨などが展示されていた。

図 7 ● 松本彦七郎の業績

上に二回にわたって報告した。この論文は詳細な数量の記載もおこなわれ、層位学的研究方法を縄文土器の編年に最初に導入した研究であった。

しかしながら、松本のこの論文には、実測図も写真もまったく添えられていなかった。そのために松本の里浜貝塚の調査資料はその後、基準資料として利用されることもなく、また調査の実態を検証されることもなく、一九九二年に奥松島縄文村歴史資料館の開館企画展示でその姿をあらわすまで、七三年もの歳月が流れたのであった（図7）。

松本の二回の発掘調査で、里浜貝塚は一躍日本考古学界で有名になった。当時の考古学界の重鎮濱田耕作《はまだこうさく》（京都帝国大学教授）や大場《おおば》（谷川《たにがわ》）磐雄《いわお》（のち國學院大學教授）、斎藤忠《さいとうただし》（のち東京大学教授）たちが里浜貝塚を訪れている。

松本は、当時の若き考古学徒を魅了してやまなかった東北地方の貝塚研究を切りひらいた。その研究は多岐にわたり、石器石材、動物遺存体にもおよぶ。さらには、里浜貝塚の重要性を鑑み、東北大学の学用地に指定して遺跡の保存にも努めたのである。

2　地域史研究の実践

地域研究のリーダーを育てる

戦後、仙台では東北帝国大学、第二高等学校などが統合して新制東北大学が生まれ、教育教養部に平重道《たいらしげみち》教授、大塚徳郎《おおつかとくろう》助教授が教官として在職していた。地域社会史の立場に立つ大塚は、学生に向かって「社会科の先生になるのなら、遺跡の発掘調査くらいできなくてはならない。教員は地域研究のリーダーとならなくてはならない」と言ったそうである。

その実践として大学教員と学校教諭が中心となって一九五二年に結成されたのが「地域社会研究会」である。同会の機関紙『地域社会研究』には、考古学、日本史、地理学、民俗学などさまざまな分野の地域資料に根ざした研究論文が掲載されている。それらの執筆者は、小中学校、高校の教員たちであった。

地元の人びとの理解を得て

一九五一年、地域調査のために東北大学教育教養部日本史研究室が宮戸島を訪れる。当初の目的は漁村調査であったが、医王寺《いおうじ》宮里《みやさと》住職の好意で里浜貝塚の小発掘をおこなった。かつて松本彦七郎が調査をおこなった寺下囲地区の近くである。晩期中ごろの大洞Ｃ１式の良好な貝層の発掘に成功し、齋藤良治《さいとうりょうじ》が『地域社会研究』六号に報告をおこなっている。

その後、一九五二年から一九六二年まで、日本史研究室が中心となり、毎年夏休みに一週間ほど調査がおこなわれた。その間の一九五五年に、調査主体は東北大学教育教養部日本史研究室から宮戸島遺跡調査会へと移行する。宮戸島調査会は、塩釜《しおがま》市史編纂事業のために組織されたもので、古田良一《ふるたりょういち》東北大学名誉教授を会長に塩釜市・鳴瀬町・松島町の首長等を顧問に、地理学、地質学、人類学、日本史、考古学の専門家で構成されていた。

当時の調査日誌からうかがい知ることができるのは、調査のスピードは速いものの、層の特徴や堆積方向、出土遺物、さらには遺構に対して注意をはらいながら調査を進めている点である（図8）。また、地元の人びとへの講演会を開催している。調査成果をいちはやく地元の人びとに発表し、理解を得る努力をするという地域社会史研究の実践であった。このような地元の人びとへの説明の積み重ねが、のちの里浜貝塚保存への下地となった。

発掘調査成果は、調査の参加者が論文として発表している。彼らの多くは専業の考古学者ではなく、小中学校や高校の教員であった。夏休みを利用して、後輩の学生を指導しながら発掘調査をおこなったのである。そして、その出土遺物は大学で、あるいは学校での授業のかたわら整理をおこない、論文として発表していった。

このような研究の姿は、戦後日本考古学の活力の源であった。発掘にたずさわった学生は卒業し、研究者になることはなくとも、教育者としてその経験は生かされていった。地域の歴史を自分たちの手で掘り起こした自信が、教育の

図8 ● 宮戸島遺跡調査会の発掘調査
1955年の台囲地点Cトレンチの発掘調査風景。
（齋藤良治氏提供）

なかににじみ出ていたのである。当時、このような在野の考古学者は全国にいた。大塚の目論見は確実に効果をあげたといえる。

3　縄文人の生業研究へ

土地開発の嵐

東北大学教育教養部と宮戸島遺跡調査会による里浜貝塚の一連の調査は、一九六二年の袖窪《そでくぼ》地区を最後に終了する。

そして大塚徳郎の退官を機に、日本史研究室が中心となって発掘調査してきた里浜貝塚などの資料は、それぞれの遺跡がある市町村に返却された。里浜貝塚の資料は地元の鳴瀬町に返却され、一部は郷土資料館や中央公民館ギャラリーに展示されたものの、多くは奥松島縄文村歴史資料館のオープンまで眠りにつくことになった。

さて、東北大学教育教養部の調査から一〇年以上たって、あらたに東北歴史資料館（現・東北歴史博物館）によって、里浜貝塚西畑《にしはた》地点の発掘調査が始まった。

この間、日本の遺跡をとり巻く状況は激変していた。東北地方には東北自動車道、東北新幹線が開通し、各地で圃場《ほじょう》整備事業、工業団地、宅地開発がおこなわれ、大規模行政発掘調査の時代をむかえていた。開田工事で石巻市南境《みなみざかい》貝塚、宅地造成で松島町西ノ浜貝塚が危機に瀕し、七ヶ浜町左道貝塚が消え、貝塚の保存が強く求められた。

東北歴史資料館による調査

こうしたきびしい環境のなかでも、東北や関東で貝塚研究の蓄積が進み、貝塚の調査研究方法は重要なターニングポイントを迎えていた。その研究動向を受けて、満を持しておこなわれたのが、東北歴史資料館による里浜貝塚の発掘調査であった（図９）。

東北歴史資料館の里浜貝塚調査は、一九七九年から九一年まで一三年間継続して実施された。縄文前期から晩期にかけて形成された広大な里浜貝塚のそれぞれの地点の内容を明らかにして里浜貝塚の全体像をつかみ、貝塚形成とそれをつくり出した活動の具体像を把握することが調査の大きな柱とされ、また縄文晩期の土器製塩の実態を明らかにすることも加えられた。

とくに、一九七九年から六年間にわたる里浜貝塚西畑地点の調査成果は、これまでの縄文時代像を一新するほどのめざましい成果をあげた。それ

図９●東北歴史資料館による里浜貝塚西畑地点の調査
調査の視察に訪れた伊東信雄東北大学名誉教授（奥）と調査を説明する藤沼邦彦考古研究科長（当時）。

は、貝塚の微細層位《びさいそうい》発掘と、貝類を主とする自然遺物の悉皆《しっかい》採集という調査方法をとり入れたことによる。

発掘法の大転換

なぜそのような調査を実施することにしたのか。

貝塚を研究する利点は、通常の遺跡では腐敗して残りにくい有機物が、貝塚では貝層のなかで保護されたような状態で残っており、それらの有機物がじつに豊かな情報を提供してくれるからである。

貝塚から出土する動物遺存体の種組成、種ごとの部位別出現頻度、性別推定、年齢査定、体長復原、骨病変の有無などを分析し、これによって当時の環境やその推移、季節性を含む狩猟・漁撈活動の実態、獲物の解体や分配、調理方法や栄養摂取量、骨や角の再利用、食料自給の生産効率、イノシシ家畜化の問題、さらには習俗、交易にいたるまで解明していく手がかりを得ることになる。

しかし、そのためには何十年、何百年もかかって形成された堆積層の全体をまとめて分析するのではなく、貝塚を形づくるもっとも小さな堆積のまとまり（層）を一つひとつ識別し（図10）、当時の人びとが貝などを捨てた行為そのものを、考古学的な時間の最小単位として把握することからはじめなければならない。発掘現場で各層をできるだけ客観的に観察・記載し、サンプリング・エラー（発掘時の遺物回収漏れ）がおこらないように堆積土をすべて掘り上げ回収するのである。

従来の遺跡の発掘では、土層を掘り、遺物は出土位置を記録したうえでとり上げてもち帰るが、大地に刻まれた遺構は実測と写真により記録し、調査が終了すれば、発掘前の原状に復旧するために埋め戻す。貝塚でも主だった大型自然遺物は採取されるものの、貝類や微細魚骨などはとり上げられずに廃棄されていた（まれに微細遺物採集のために、コラムサンプリングという、一定の区画に限って土壌をもち帰り、水洗選別するという方法はとられていたが）。

それが、これまで捨てていた土壌と自然遺物をすべてとり上げてもち帰り、水洗選別をおこなおうというのである（これを悉皆採集法という）。これは大変なことである。発掘の終わった遺跡に埋め戻す土はなくなり、その逆に貝塚からもち帰る発掘資料の量は、従来とはくらべものにならないくらいの量にふくれあがり、膨大になる。

図10 ● 層名を記した白いラベル
層間の境界線は貝が多く線を引くことができないため、水糸を1寸釘でとめている。複雑な層の堆積状態を実測する小井川和夫主任研究員（当時）。

微細層位発掘と悉皆採集

こうした貝塚から出土するものすべてを研究対象としてとり上げるという取り組みは、貝塚を土器編年のために層位的に遺物を発掘するという旧来のやり方から、あらたに縄文人の生業をはじめ諸活動を復原するために調査する方式へという、貝塚研究法の大転換であった。開発にともなう世の発掘調査が「より広く深く」を志向していた時代に、狭い範囲の資料をすべて分析対象とし、研究するという方法を実践したことは、貝塚のすべてが考古資料だという調査者の強い意志がそこにあったのである。

ここで東北歴史資料館がおこなった微細層位発掘とその後の作業を具体的に説明していこう。すでにのべたように、微細層位発掘とは、貝などがごく短期間に捨てられ堆積した薄い層一枚ずつの上下関係や広がりを注意深く確認しながら、それぞれの層の平面図と断面図を作成し、層の種類、土質、土色、厚さ、内容物などを記録してゆく。そして層のすべてをコンテナに収納する。

選別作業

約一カ月間の調査で、コンテナはトラック一台分ほどにもなる。それを資料館に搬入して整理が始まる。

湿気を帯びた土壌はまず乾燥させたうえで重量・堆積の計量をおこなう。それから四ミリの乾燥フルイを通して選別し、残った大型・中型遺物は水洗し、箱番号を注記する。四ミリのフルイを通過したものは、今後の新たな分析に対応できるように保存分を確保する。つぎにさらに目のこまかい二ミリと一ミリの水洗フルイ選別をおこなう。そのなかで、二ミリを通過した土壌は顕微鏡下の微細遺物分析のために二〇〇ccを採取し保存する。

水洗選別により一ミリ以下の泥や砂は流れ去るが、微細な魚骨、貝殻片、土器破片、石器砕片、小礫などはフルイに残る。それらを新聞紙に広げて乾燥させる。土壌が多い層は容積が半分くらいに減るが、純貝層の場合はほとんど減らない。

フルイに残った資料は選別にまわされる（図11）。最初に小礫、土器、石器、貝、骨、炭化物などに大分類する。小礫は自然堆積物なのでカウントされない。土器は型式など可能なかぎり分類し、重量をはかる。石器は器種、石材、母岩別に分類し、点数と重量を記録する。貝は種ごとに分類する。貝類は殻頂部《かくちょう》を基準に個体数をかぞえる。二枚貝は左右にわけ、貝合わせに

図11 ● 分類選別作業
水洗選別してフルイに残ったさまざまな遺物を分類し、選別している様子。気の遠くなるような根気のいる作業が続く。一日の作業が終わると貝や魚骨、石器、土器の小山ができる。

より個体数を算定する。骨は魚類、鳥類、哺乳類などに大別したうえで骨格の部位ごとにわけ、そのうえで種を同定する（図12）。種別に同定部位の点数を集計し、注目すべき所見があればこれも記述する。

同定作業

「同定する」と簡単に書いたが、読者のみなさんは日常食べるイワシとサバとアジの骨の違いがわかるだろうか。

全身骨格が並んで出土することなどは、まずありえない。頭部を形づくる多数の骨それぞれや、椎骨ひとつとっても種ごとに細部の形態がわずかに異なる。フルイに残った小さな一片から種を判定しなければならない。動物分類学の専門家でも、哺乳類と鳥類と魚類のすべての種類のすべての部位の骨を知っている人はほとんどいないだろう。それぞれの専門家に、いちいち同定をお願いするわけにもいかない。

そこで調査を担当した岡村道雄《おかむらみちお》たちは、自分たちで魚の標本を作製することにした。イワシを買ってきて、ていねいに身を食べて骨にする。その骨は油が残るので水で何度か煮て、さらには洗剤で洗って、標本をつくるのである。年齢によって大きさはもちろん、形も微妙に違うので、年齢の違う標本をつくる。

岡村たちは、魚屋で買ったり、海で釣ったり、漁師さんからもらったりとさまざまな方法で魚を手に入れ標本をふやしていった。この魚の標本の基礎資料をつくることが同定の信頼度を高めるには必須である。魚類については、松島湾に生息する一〇七科二五七種を目標に標本の作製および収集に努めた。

分類・同定の仕事はとても手間がかかるために、資料館研究員だけでは人手が足りない。事務局の人、解説員、非常勤職員、アルバイト学生までが動員された。当時、東北歴史資料館に行くと、白衣姿で大部屋のテーブルに向かい、骨の小山を相手に、ピンセットでシャカシャカと魚骨を同定する姿をよくみかけたものである。この地道な同定作業によって里浜貝塚西畑地点では一二綱一六九種の動物遺存体の同定がおこなわれた。

個体数の算定

しかし、このような種の同定作業だけでは里浜縄文人の調理の素材リストがみえてくるにすぎない。さらに生活の実態に迫るためには、それぞれがどれだけの量あるのか、ということを明らかに

図12 ● 同定された魚骨
椎骨や歯など同定部位を決め、現生標本と比較しながら分類した結果、種別部位別の標本ケースに収納される。

していかなければならない。

人体に頭蓋骨は一つしかない。頭蓋骨が二つあれば二人である。しかし、頭蓋骨が一つと上腕骨が一つあった場合は、一体なのか二体なのかが問題になる。量を問題にする場合、一つの層にイノシシが、またタイがそれぞれ何個体含まれていたかを推定復原しなくてはならない。頭を落として調理する場合もあるので、頭骸骨だけで算定するのでは確かとはいえない。

部位ごとに、少なくとも何個体以上という最小個体数を求め、全身でもっとも多い部位の数をその種の最小個体数とする。頭骸骨など特定部位が多かったり少なかったりする場合は、調理法や分配の問題を考える貴重なデータとなる。そして最終的に層ごとに哺乳類、鳥類、魚類、貝類、甲殻類などの種別個体組成表が完成するのである。

調査から保存へ

以上のような新しい調査方法を、東北歴史資料館は西畑北地点、台囲《だいがこい》地点、梨木東《なしのきひがし》地点、台囲風越《かざこし》地点で、一三年間かけて調査をおこなった。これら各地点での分析によって縄文前期初頭から晩期中葉までの約四〇〇〇年間におよぶ、里浜に暮らした縄文人が貝塚に残した生活資料・情報を手に入れることができたのである。それは膨大で、とくに自然遺物の量は筆舌に尽くしがたい。

そして西畑地点で実施した分析を他の地点でも同様におこなうためには、さらなる資料分析期間が必要であった。以後、東北歴史資料館は、発掘資料の整理分析に専念することになった。

こうして東北歴史資料館の調査終了に歩調を合わせるように、地元鳴瀬町では一九九〇年に「奥松島縄文村構想」を発表する。里浜貝塚の調査は研究対象から保存整備活用へと大きく舵がきられたのである。

鳴瀬町では、一九九六年度から一九九九年度まで国・県の補助を受けて史跡里浜貝塚の整備のための発掘調査をおこなうこととなった（図13）。調査はあくまでも整備のためであり、保存される遺跡なので発掘する範囲を最小限にとどめ、里浜貝塚全体の面的な広がりを把握することが目的となる。この調査は、薄く広く里浜貝塚のベールをはいだものである。しかし、その成果は大きなものであった。分析研究は現在もまだ途上であるが、里浜に暮らした縄文人たちの空間利用の一面が明らかになった。

こうした調査の成果を踏まえて、次章以降、里浜縄文ムラの姿と人びとの暮らしをみていこう。

図13 ● 冬晴れの現地説明会風景
里浜は冬でも風さえ吹かなければ春のように心地よい。
里浜貝塚西畑地点北区製塩遺構にて（1997年）。

第3章　里浜縄文ムラ

里浜貝塚は、ほぼ中央の里・寺下囲・西畑地区、西寄りの台囲地区、東南寄りの袖窪・畑中・梨木地区の大きく三カ所のまとまりがある（図14）。全体で東西約六四〇メートル、南北二〇〇メートルもの広がりをもち、日本有数の規模を誇る。このうち国史跡指定面積は約一五万平方メートルにおよぶ。

里浜貝塚の東端近くの袖窪・畑中・梨木地区梨木東地点と、西端の台囲地区頂部地点に前期初頭の遺物が認められ、台囲東斜面にも縄文前期の遺物がみられる。台囲頂部と西斜面の風越地点には、前期初頭から晩期中葉までの貝層が広がる。袖窪・畑中・梨木地区には中期中ごろから後期初頭にかけての遺物が大量に認められ、大規模な集落が営まれたと推定される。里・寺下囲・西畑地区には、縄文後期後葉から弥生時代中期までの貝層が広がっている。

このように里浜貝塚では時期ごとに生活の中心地をかえながらも、里浜貝塚全体としては連続した集落の存在が推定される。それぞれの地域を時期ごとにみてゆこう。

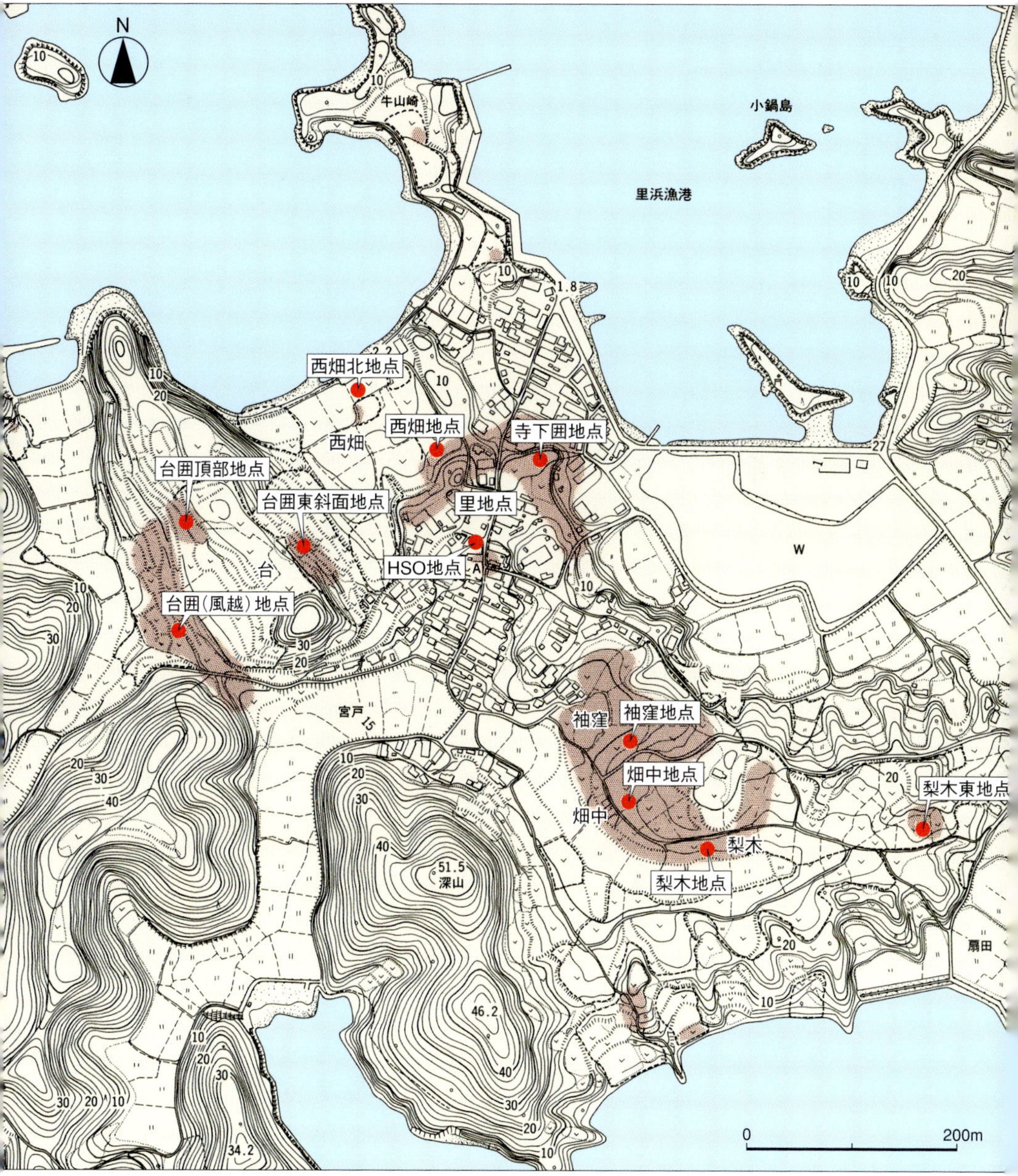

図 14 ● 里浜貝塚の各地点
里浜貝塚は字名から里・寺下囲・西畑地区、台囲地区、
袖窪・畑中・梨木地区の大きく 3 つに分けられる。

1 縄文前期の里浜

里浜に最初に住んだ人びと

里浜貝塚で縄文人の足跡が最初に刻まれた場所は、東端にあたる梨木東地点と西端の台囲頂部地点（図15・16）で、いまから約六〇〇〇年前、縄文前期初頭のことである。

梨木東地点は一九八九・九〇年に東北歴史資料館により発掘調査がおこなわれ、当時の生活の一端が明らかになっている。

貝層は南北に長く、長径二〇メートル、短径一〇メートルの範囲に分布し、北端部分の四メートル四方が調査された。貝層は南側にゆるやかに傾斜し、微細層位発掘法により径一メートル程度の層が折り重なるように五九二枚もみつかった。

年代は、出土した土器から縄文前期初頭大木1式期である。貝層からは縄文土器のほかに、石鏃《せきぞく》や石匙《いしさじ》（携行ナイフ）・石錐《せきすい》などの石器、有孔《ゆうこう》石製品、そして骨角器として釣針（図17）、刺突具《しとつぐ》、ヘアピン、貝輪、貝刃《かいじん》、有孔貝製品などが出土している。

打製石器の石材として、宮戸島では産出しない硬質頁岩《こうしつけつがん》類が多用されている。この硬質頁岩類は、日本海側の出羽《でわ》丘陵に産するので、交易などを考えるうえで重要である。

動物遺存体の詳細な分析はこれからであるが、岩場にすむマダイ、スズキや岩礁性のスガイ、レイシ、イボニシ、カリガネエガイ、イガイが多い。

図 15 ● **台囲地点の発掘風景**
8m 間隔のトレンチを設定して遺構の広がりを確認している。後ろにみえるのはタブの木の大木。木の下には小さな祠がある。

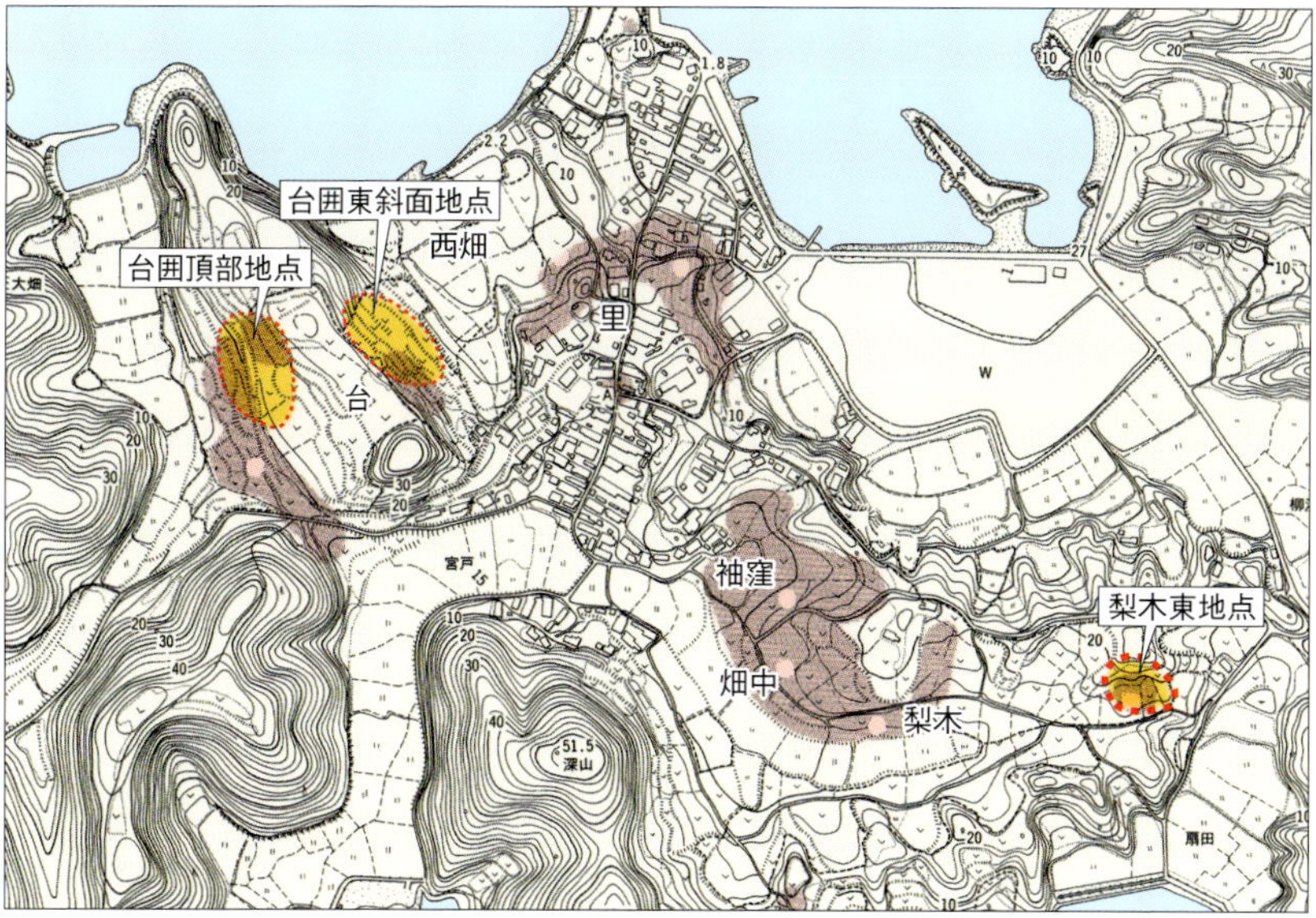

図 16 ● **縄文前期の里浜貝塚**
縄文前期の貝層は梨木東地点、台囲と台囲東斜面にある。前期初頭に里浜への最初の居住が始まり、後半には継続した貝層が形成されはじめ定住生活が始まったようである。

定住する人びと

前期初頭の土器片は、里浜貝塚北端の海辺にある西畑北地点の泥炭層のなかからも微量ながら出土している。宮戸島にやってきた縄文人は、最初から一カ所にまとまって居住したわけではなさそうである。

松島湾沿岸の貝塚をみても、早期末から前期初頭の貝塚は小規模なものが多い。里浜の各地点で少量の前期初頭の土器がみられることから、最初はキャンプ地のように利用し、やがて周年居住へと移行していったのではないかと推定される。しかし、梨木東地点に形成されたおびただしい貝層の重なりは、ある程度長い期間の居住が始まった証拠であろう。貝層から集落規模を推定することはむずかしいが、数棟の住居があったのではないだろうか。

貝層をより下層まで掘り下げてはいないので、さらにさかのぼる可能性はあるが、台囲地点と台

図 17 ● 梨木東地点での釣針の出土状況
縄文前期の角器の種類は釣針や尖頭器に限られている。しかし、釣針の形はすでに完成され、今日のものと変わりない。

囲東斜面地点にも縄文前期後半の土器片が出土し、かなり広い範囲に貝層が点在する。里浜でもっとも高い台囲地区にはっきりした定住集落が営まれたのは、このころであろう。

2　縄文中期のムラ

墓地と貝層をともなう二つの大規模集落

縄文中期中葉になると、里浜には後期初頭までつづく二つの大きな貝塚が形成された（図19）。大形の貝塚を形成した人びとはそのすぐ近くに居住したはずだから、至近距離に二つの集落が併存していたことになる。一つは、袖窪・畑中（図18）・梨木地区であり、もう一つは台囲地区である。

袖窪・畑中・梨木地区には、縄文中期中葉から後期初頭にかけて大規模な貝層が形成された。その大きさは長径二五〇メートル、短径一五〇メートルにもおよび、その東半部の畑中・梨木地区は馬蹄形ないし環状に近い形をなす。貝層は丘陵の周辺部緩斜面にとり巻くように広く分布しており、斜面が豪雨で崩壊して貝層が露出したときの観察では、その厚さは二メートルほどにもおよぶものであった。貝種はアサリが目立つ。

一九五八・五九・六一年におこなわれた宮戸島遺跡調査会による畑中・梨木地点の調査では、貝層の層位的な発掘によって、縄文中期後半から後期初頭の土器編年研究が進むという成果もあがっている。

図 18 ● 畑中地点
一面の菜の花におおわれた畑中地点。宮戸島ではアブラナ科の野菜の種を生産している。

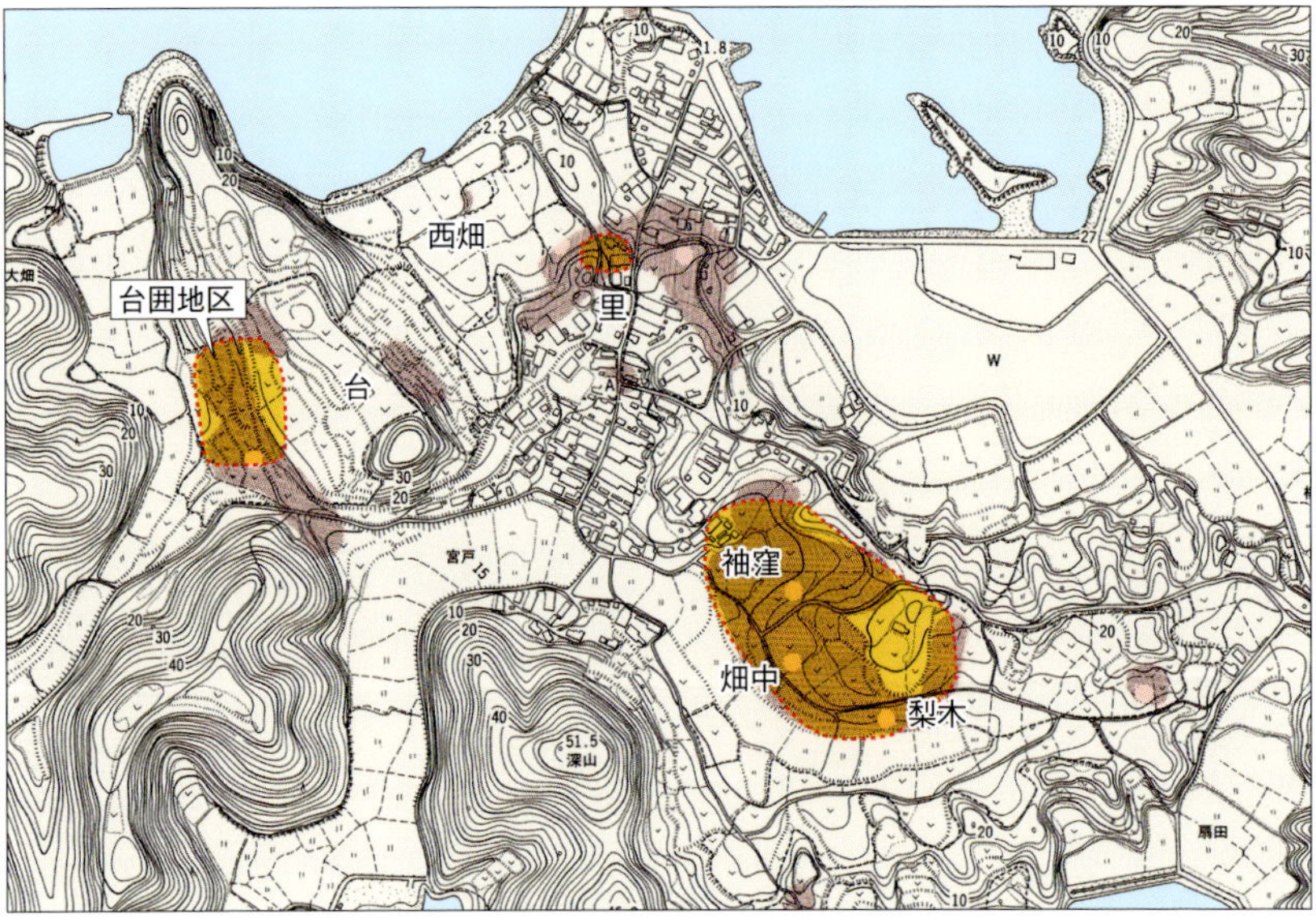

図 19 ● 縄文中期の里浜貝塚
袖窪・畑中・梨木地点に環状貝塚と、台囲地点に斜面に沿った帯状の貝塚が広がっている。里浜では最大規模の面積の貝層が広がった。

また、一九六二年におこなわれた袖窪地点の調査では、伸展葬の首なし人骨が発見され、注目された。この人骨は、新潟大学の小片保《おがたたもつ》によって報告されている。それによると、この人骨は仰臥伸展位であるが、頭骸は下顎骨を含めて失われていた。性別は女性で、壮年期から熟年期にかかる年齢である。頭骸が存在しない理由について、小片博士は軟部が腐敗した後に頭骸のみを持ち去った可能性を指摘している。

さらにその周辺の畑からも人骨の破片が採集されており、縄文中期の墓域が広がっていたと推定される。これらのことから袖窪・畑中・梨木地区には墓域と貝層をともなう大規模な集落が形成されていたとみなしてよいであろう。

豊かな食料

一方、台囲地区にも縄文前期後半から縄文晩期初頭まで、連続した厚い貝層が形成されている。その規模は袖窪・畑中・梨木地区にはおよばないが、台囲丘陵の西斜面に東西三〇メートル、南北五〇メートルほど帯状に広がっている。

調査されたのはそのほんの一部だが、東北歴史資料館と鳴瀬町教育委員会によって、それぞれの調査がおこなわれた。東北歴史資料館の中期前葉の貝層の悉皆採集調査では、二〇二枚の貝層を確認し、コンテナ四四八箱分の資料を採集しており、その内容の豊富さに驚かされる。鳴瀬町教育委員会が調査した中期中葉から後期前葉の貝層はアサリが主体であるが、握りこぶしよりも大きなアカニシやカキなどが含まれる。動物遺存体ではシカ、イノシシのほかにイル

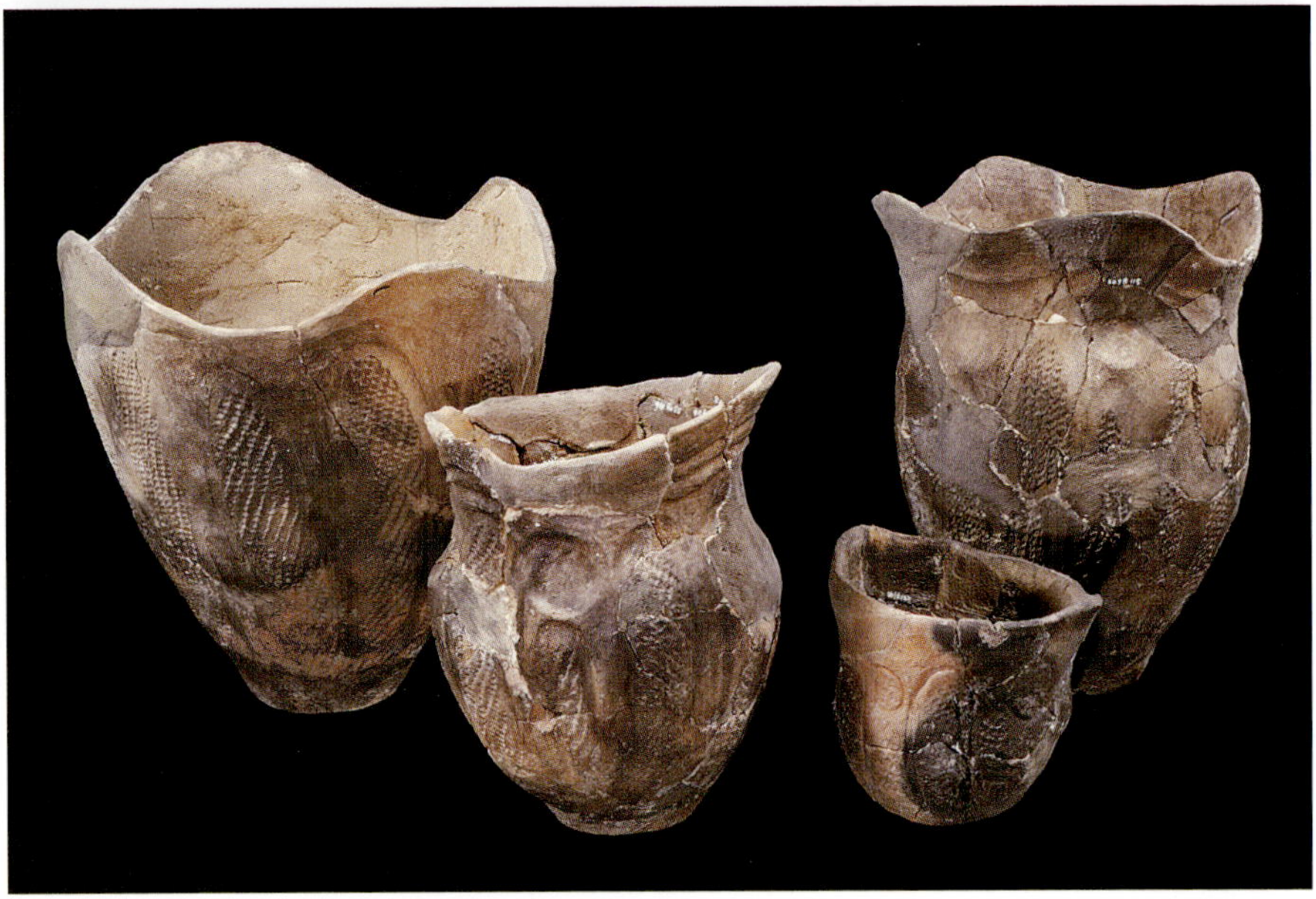

図 20 ●**装飾性豊かな縄文中期後半の土器**
上：台囲地点から出土した大木 9 式（古）土器。（左から 3 つ目高さ 23.5cm）
下：同じく中期大木 9 式（新）土器。（左端高さ 18.7cm）

カの肋骨、アシカの下顎、破砕されたアシカの頭骨などがみられ、棒状の道具に加工途中のクジラ大腿骨もある。大型の海獣類も漁撈の対象だったことがわかる。

装飾性豊かな縄文中期後半の土器

土器類は、装飾性豊かな縄文中期後半のものが多く、大小の深鉢、浅鉢、注口付き浅鉢で構成されている（図20）。それらの土器は貝層に散乱して出土するのではなく、貝層が形成される斜面の肩の部分にあたかも置かれるように捨てられていた（図21）。こうした状況が数百年にもわたって継続したために、土器の姿の変化を貝層の連続堆積を通して観察することができ、縄文土器の中期後半から後期初頭の編年を再検討する資料が得られた。

さらに骨器、貝刃、貝輪、骨刀、有孔骨製品、垂飾品《たれかざりひん》、玉《たま》なども出土している。また、里浜縄文

図21 ●土器の出土状況
台囲地点の貝層（134層）肩部分の斜面に沿って、縄文土器がまとまって出土した。

人の奔放な創造の産物も出土している。男性性器をかたどった石棒は各地の縄文中期の遺跡でみられるのと同様の実例が出土したが、この地点では石棒を土で模倣した長さ二四・五センチの土製品が出土し、注目された（図22）。岩版《がんばん》、鹿角製《ろっかくせい》装飾品（図23）なども縄文後・晩期のように定型化してはおらず、自由な造形を感じる。

図 22 ● 石棒を模倣した土製品とその出土状況
貝層から土棒が顔を出したとき（下）、石棒と見間違えた。しかし、よく観察すると表面に縄文が施されており、土製であることがわかり、びっくりしてしまった。（土棒の長さ 24.5cm）

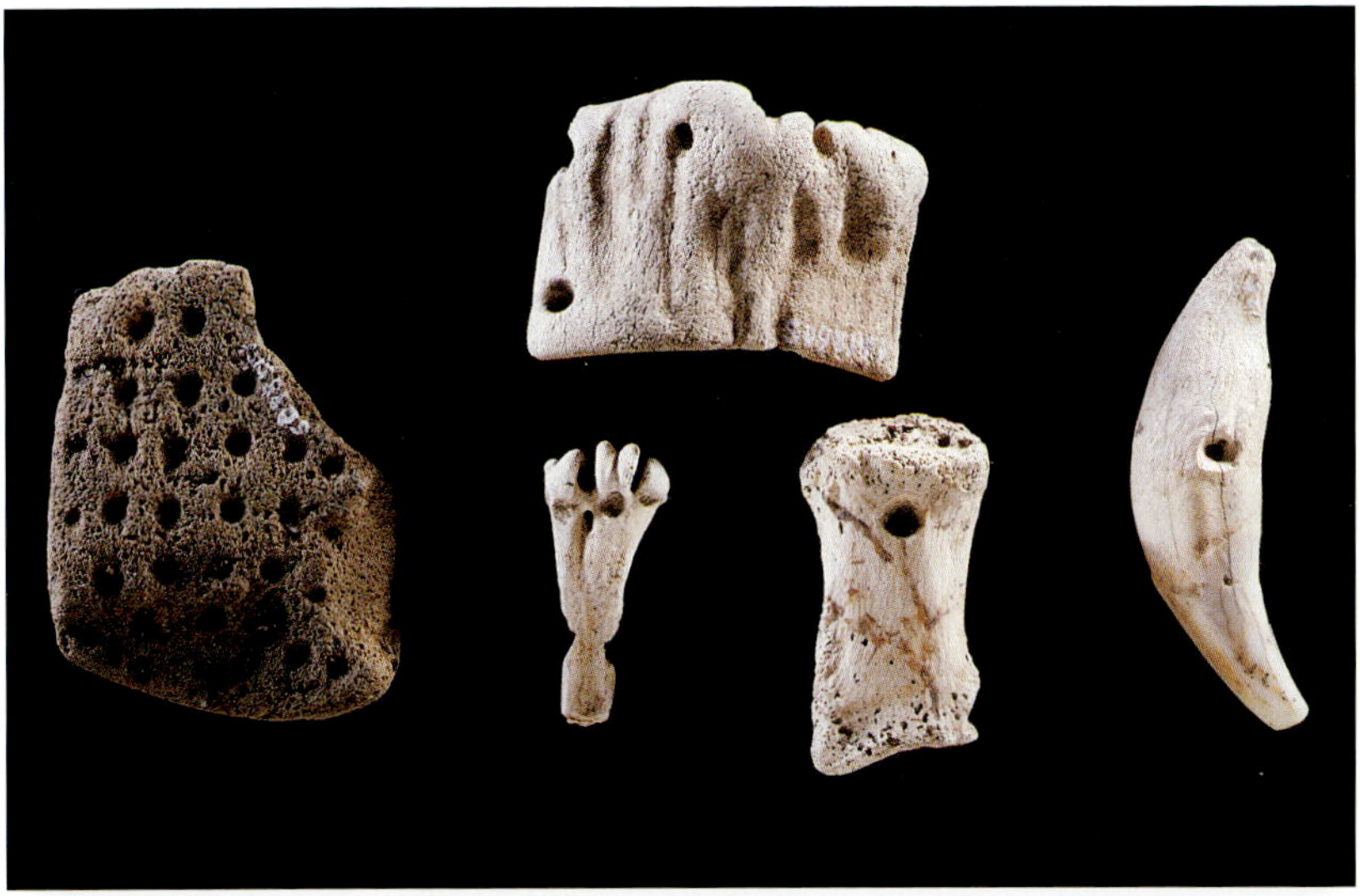

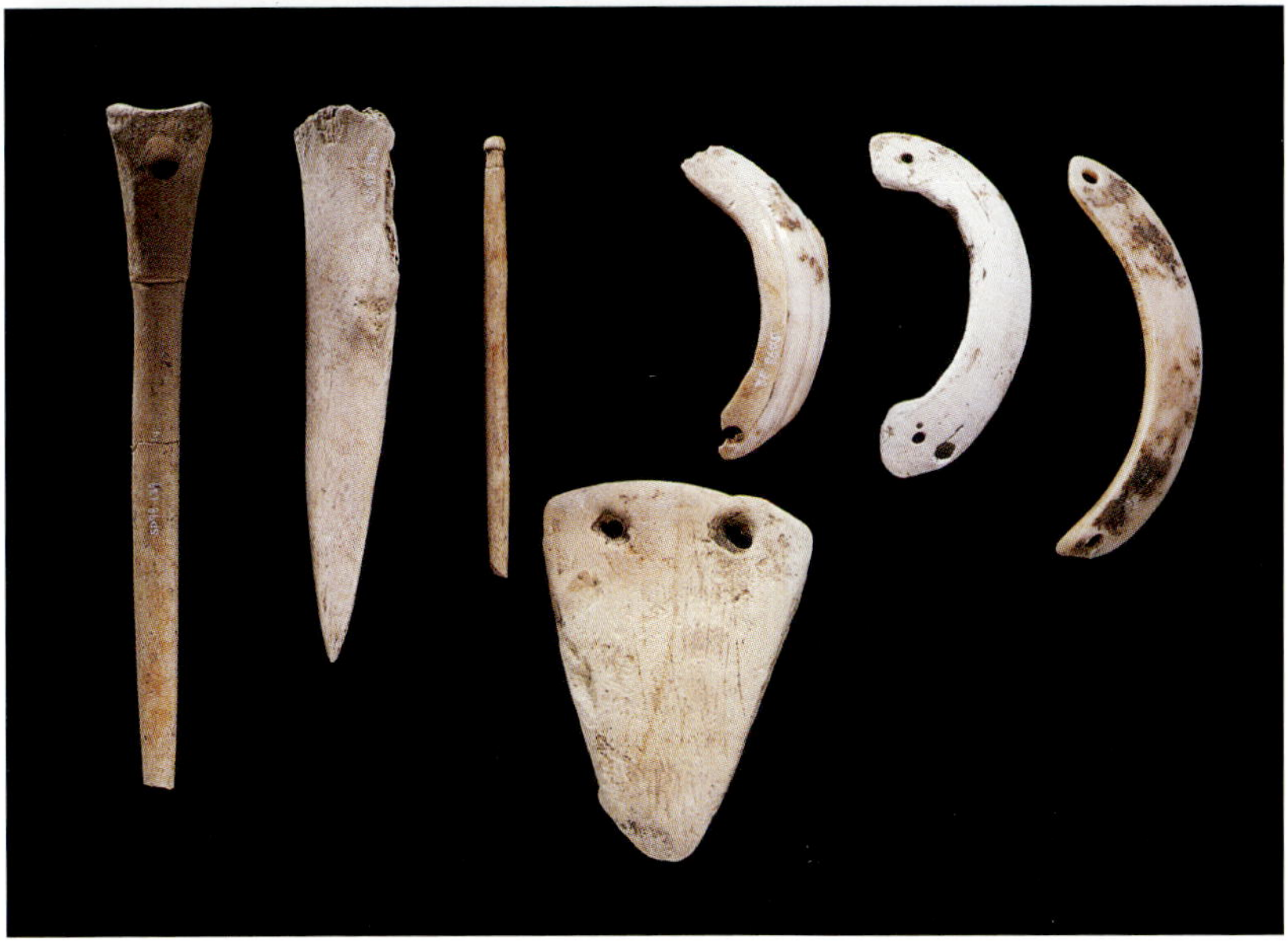

図 23 ●**縄文中期のさまざま装飾品**
上：左から軽石製、鹿角製、ガンカモ類の骨製、ウミガメの骨製、右端はアシカの牙製の装飾品の未成品。（左端幅 4cm）
下：左から骨製の装飾品、3 つ目は鹿角製のヘアピン、イノシシの牙製の腕輪、貝製の腕輪、右端はイノシシの牙製の腕輪、下方中央は石製のペンダント。（ペンダントの高さ 7.1cm）

3　縄文後期から晩期のムラ

これら縄文中期の袖窪・畑中・梨木地区の巨大な環状貝塚も、後期初頭を過ぎると途絶える。これにとって代わるのは里浜貝塚でも中央に位置する里・寺下囲・西畑地区である（図24・25）。

縄文中期後半から弥生時代中期までの土器が出土しており（図26）、中期末ごろから袖窪・畑中・梨木地区に住んでいた人びとが、しだいに居住域を里・寺下囲・西畑地区に移していったようである。しかし、低い鞍部《あんぶ》を隔てて西に二五〇メートルほど離れた台囲地区では、縄文前期から縄文晩期中葉までの土器がみられ、その間ずっと人びとが住みつづけている。

縄文後・晩期の里・寺下囲・西畑地区と台囲地区には、それぞれ集落を構成する住居・墓域・廃棄場（貝層）が同時に存在し、これら二つの集落がさらに大きな里浜ムラを構成していたようである。そこで調査で明らかになった集落構成や墓、貝塚形成や生業の様子をややくわしくみていこう。

居住

これまでの調査では、里・寺下囲・西畑地区には竪穴住居自体はみつかっていない。住居の構築が可能な平坦面が残念ながら現在の集落と重なっているために、発掘調査が実施できないことが未検出の最大の理由であろう。この地区の北東側にあたる寺下囲地点と、北西側の西畑地区ではともに台地の縁から斜面に広く貝塚が形成され、その南側のＨＳＯ地点（図14参照）

図 24 ● **西畑地区**
史跡公園整備のために整地された早春の西畑。縄文晩期の夏の日にはこの浜で塩づくりがおこなわれていた。

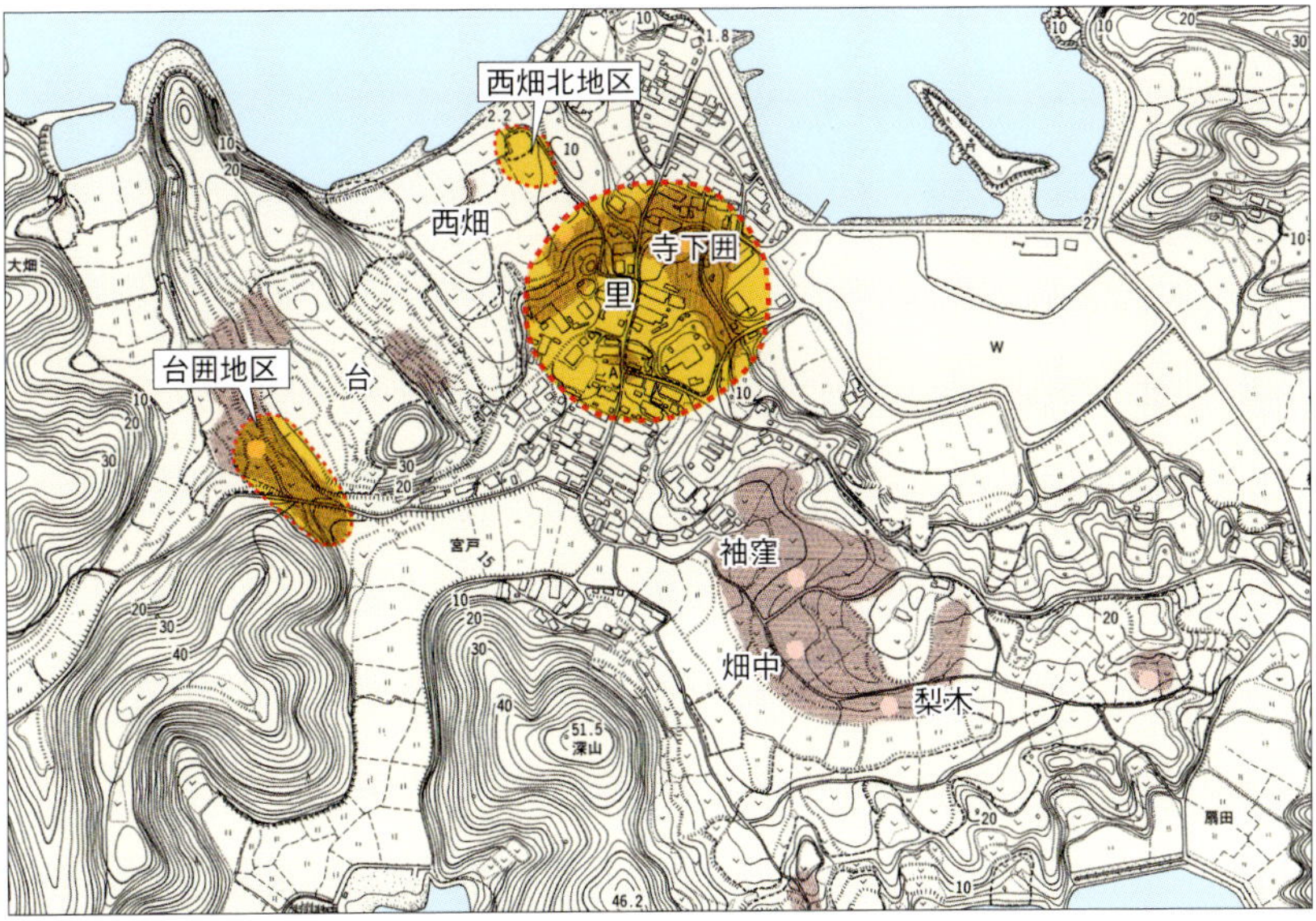

図 25 ● **縄文後期から晩期の里浜貝塚**
台囲地点と里・西畑・寺下囲地点に集落が併存し、
西畑の浜辺には製塩遺構が広がっている。

にも貝塚があるので、この平坦な台地には集落が展開したことは疑いない。将来、調査がおこなわれれば、確実に住居群が検出されるはずである。

しかし台囲地区では風越地点で一棟、台囲地点で三棟、縄文時代後・晩期の竪穴《たてあな》住居を確認している。風越地点の一号住居と台囲一号住居は縄文後期後半のコブ付き文土器の時期、台囲二号住居は晩期初頭、台囲三号住居は後期から晩期までのいずれかの時期である。

風越地点の住居は、貝層下から姿をあらわした。形状は隅丸方形《すみまるほうけい》を呈し、地床炉《ぢしょうろ》をもつ。台囲地点の竪穴住居は斜面に形成されているので、いずれも保存状態が悪く、住居の平面形は不明瞭であるが、二号竪穴住居では二カ所の地床炉と六本の柱穴を確認した。台囲地区の西側緩傾斜面に住居が営まれ、それと並行して貝塚が形成されたことが確認できる。

図 26 ● **西畑地点出土の縄文晩期中葉土器のセット**（重要文化財）
精製土器と粗製土器があり、精製土器には深鉢・鉢・浅鉢・壺・皿・注口・香炉形土器などの器種があり、粗製土器には深鉢・鉢がある。

埋葬

縄文後・晩期の墓域は、寺下囲地点とＨＳＯ地点、台囲地区西側斜面で確認されている。寺下囲地点の墓域は、松本彦七郎の調査と宮戸島遺跡調査会の発掘によって明らかにされた。一九一八年（大正七）に松本が調査した埋葬人骨は十数体あり（図27）、出土土器から縄文晩期初頭から中葉に相当すると考えられる。

松本は、里浜縄文人をそのままの形でとり上げるという画期的な方法を用いている。出土人骨に石膏をかけ固め、反転してもち帰っているのである。それが三組現存し、一つは、東北大学総合博物館自然史標本館、もう一つは斎藤報恩会自然史博物館、さらに二体合葬の縄文人は東京・上野の国立科学博物館に保存され、わたしたちは里浜縄文人を発掘された状態で、いまもみることができる。

一九五五・五六年におこなわれた宮戸島遺跡調査会の発掘でも、十数体の縄文人骨が姿をあらわした。頭部に晩期中葉の浅鉢をかぶせ、ヒスイの玉を身につけた子どもの埋葬も

図27 ● 松本彦七郎が調査した埋葬人骨
早坂一郎著『地と人』の口絵を飾った写真である。累々たる縄文人骨の発見に、調査者は驚いたのではなかろうか。

あり、ほかも晩期中葉前後の埋葬であろう。これらの人骨は現在東京大学総合博物館に保管されている。

ＨＳＯ地点からは、三基の墓坑から各一体の埋葬人骨がみつかっている（図28）。放射性炭素年代測定がおこなわれ、二号人骨は約二九〇〇年前、三号人骨は約二六〇〇年前という年代が得られている。この年代値と周囲から出土した土器からみて、ＨＳＯ地点は縄文晩期前葉の墓域であったことが明らかである。

図 28 ● HSO 地点の墓坑と埋葬人骨
3 基の墓坑から縄文人骨が出土した。膝を立て、両腕を折り曲げた屈葬の姿勢で葬られた HS02 号人骨は、縄文人の埋葬状態をよく示している。

台囲地区西斜面からは、三体の埋葬人骨と二つの埋設土器が発掘されている（図29）。埋設土器は、一つは直立、もう一つは横倒しになっていた。両方の土器のなかから月齢一〇カ月の新生児の人骨がみつかった（図30）。日常煮炊きにもちいる深鉢を、乳幼児や死産児を埋葬するのに転用したものである。

直立した土器のなかから、人骨に鹿角製装身具がともなっていた。本来は生まれて間もない新生児が装身具をつけるはずもない。生まれて間もなく死んでしまったわが子を悼んだ母親が、自分の身につけていた装身具を悲しみにくれながら亡骸に供えたのであろう。遺骸には赤いベンガラが振りかけてあった。

一方、横倒しの土器に入っていた新生児には、ベンガラも副葬品もなかった。この二人の新生児は、その出自に違いがあったのではないだろうか。松本彦七郎の発掘した成人人骨にもベン

図29 ● 台囲地区出土の埋設土器
顔を出したばかりの直立した深鉢。これだけでは何かわからない。断面を観察し、完形で埋設されたことを確認した段階で、埋葬用の土器ではないかという仮説が浮かび上がった。

ガラが振りかけられていたという。

放射性炭素年代測定によると、埋葬されていた人骨は約三〇〇〇年前と約二九〇〇年前、新生児の人骨は二体とも約三〇〇〇年前という値が得られている。台囲の墓域は縄文晩期前半に形成されたといえる。

この年代は、HSO地点と台囲地区からみつかった埋葬人骨の放射性炭素年代測定値と土器による考古学的年代には矛盾がなく、少なくともHSO地点と台囲地点には墓域が同時に存在したことは確実である。寺下囲地点は、理化学的年代測定がおこなわれていないが、出土する土器から晩期前半から中葉ごろに墓域があった可能性が大きい。つまり、里・寺下囲・西畑地区では、寺下囲地点とHSO地点の少なくとも二カ所に墓域が設けられ、さらに低い鞍部をへだてた西側に並存する台囲地区の集落にも墓域が設けられていたことになる。

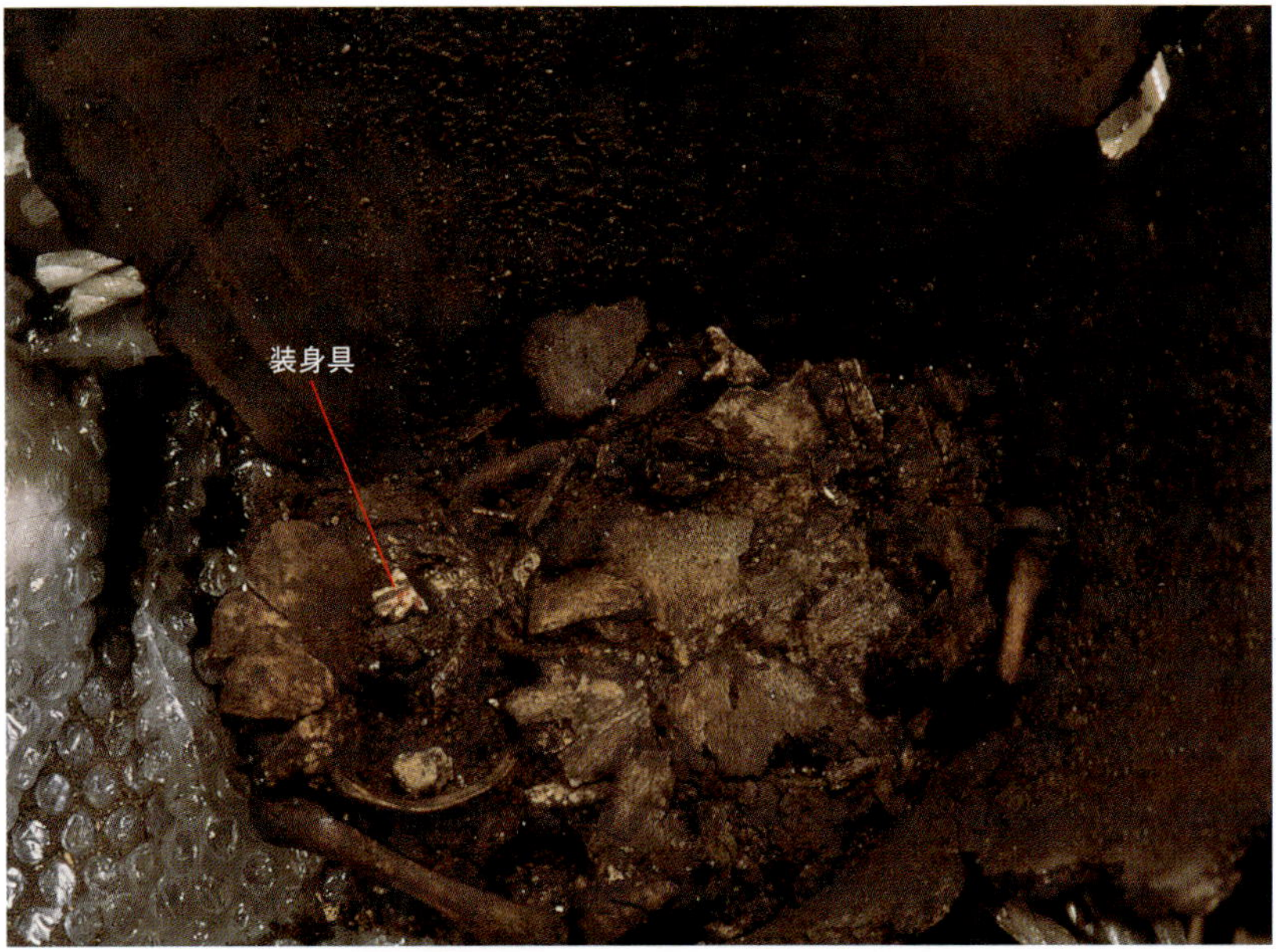

図30 ● 埋設土器の内部
埋葬用の土器との仮説を証明するために、なかに土が入った状態でとり上げ、室内でていねいに土を除去した。すると、土器の底に近い部分から人骨が顔を出した。仮説は証明された。小児土器棺であった。

抜歯の風習

里浜縄文人の成人人骨には抜歯がみられる。抜歯は、成人や婚姻といった通過儀礼の際に施されたと考えられており、時代や地域によって抜く歯種が異なる。

HSO地点の男性は上顎犬歯が左右二本とも抜かれている（図31右）。松本の発掘した人骨にも抜歯が認められた。

また、台囲地区から発掘された成人男子は、身長が一六〇センチほどもあって、縄文人としてはずいぶん大柄であった。この男性は、顔は左頬を下にしたうつ伏せ状態という不思議な姿勢で葬られていた（図32）。

両腕を後ろに強く折り曲げられ

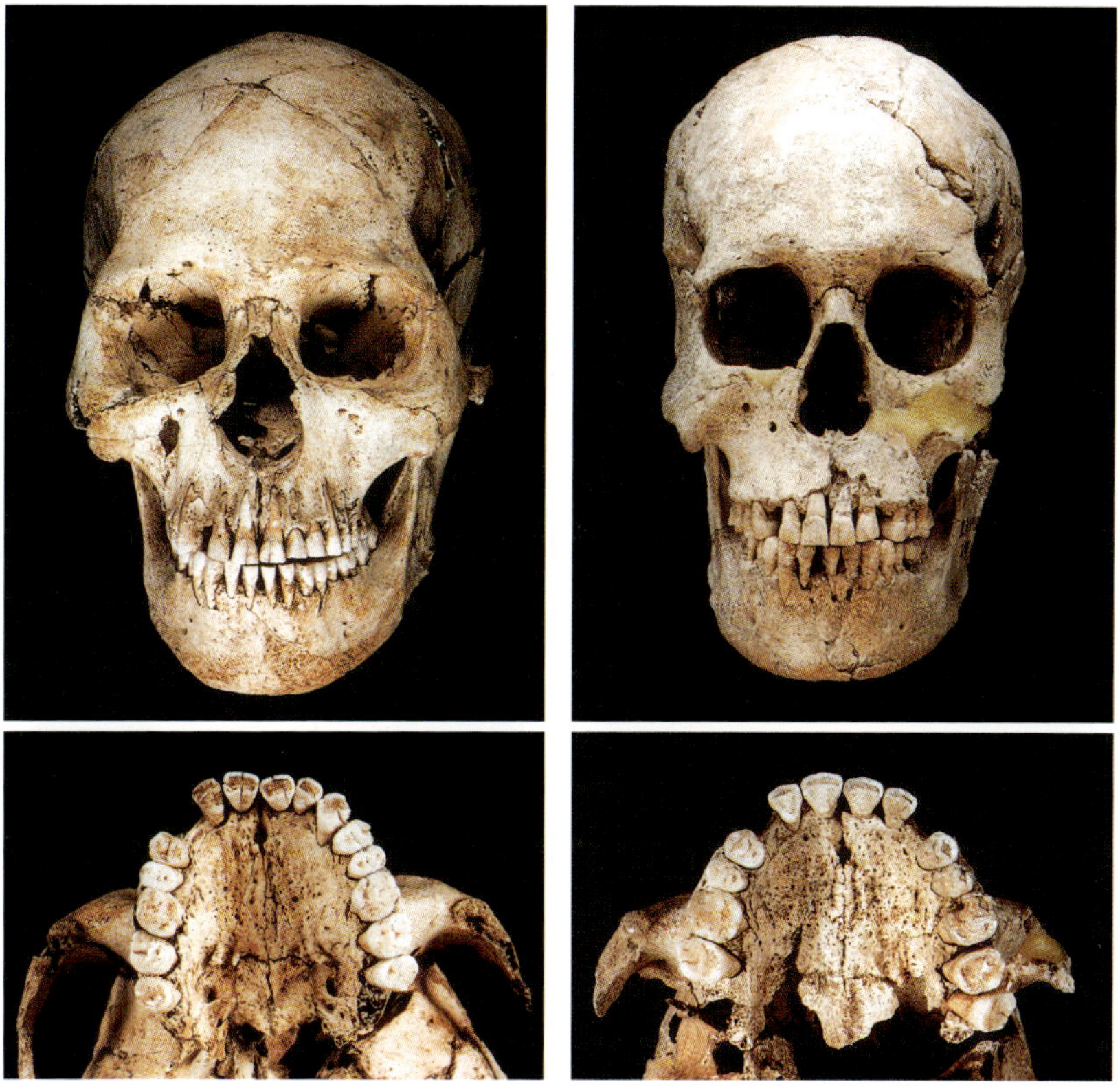

図31 ●出土人骨の抜歯
右：HS02号人骨。面長の男性。左右の上顎犬歯が抜歯されている。
左：台囲出土の98年1号人骨。大柄でがっちりした男性。右上顎犬歯が抜歯されている。

て肩に手を置き、下半身は両膝を揃えて強く後ろに屈曲し、かかとは臀部に届く状態であった。

この男性は三〇代前半の可能性が高く、上顎右犬歯一本が抜かれていた（図31左）。

抜歯の風習は、里浜縄文人の伝統的生活習慣の一端を示している。一方、台囲地区の特異な埋葬はほかに例はなく、なんらかの特別な事由によってこのような扱いを受けたのであろうか。

一〇〇年間におよぶ貝層

里・寺下囲・西畑地区西畑地点の貝層は、その中心部を東北歴史資料館が調査し、基盤まで完掘している。悉皆採集でとり上げた各層をおさめたコンテナの総数は、一七二九箱という膨大な量となった。

貝層は二メートル以上の厚さで、五〇〇枚以上にものぼる層が重なる（図33）のに、土器は晩期後半の大洞C２式のみが出土する。このことから貝層の形成期間は、一〇〇年程度と推定されている。この

図32 ● 台囲地区出土の98年1号人骨の埋葬状態
腕は両脇に密着し、足は後に折り曲げられ、うつ伏せに埋葬されていた。（約3000年前）

調査によって一六九種の動物遺存体が得られ、その分析から里浜縄文人の四季を通じた生活暦も明らかになった（復原された四季の生活は次章参照）。

貝塚に捨てられたもの

もちろん一六九種の動物すべてが食料資源となったわけではない。里浜縄文人の骨もあれば、家畜であるイヌ、貝塚というゴミ捨て場にもぐったまま死んでしまったヘビ、カエル、ネズミ、海草に付着した微細貝類なども含まれる。しかし、これら多数の動物遺存体から里浜縄文人の豊かな食卓を想像するのは困難なことではないだろう。

同定された魚類は多種多様である。西畑地点の魚類組成をみると、マイワシ、アイナメ属、ウナギ、アナゴ、マアジ、サバ属などの小型魚が圧倒的に多い。また、大型のスズキ、マダイ、クロダイも安定した数がみられる。これらの魚種のかたよりは漁法および漁期と大きく関連すると考えられる。

図33 ● 西畑地点の貝層
西畑地点の貝層はアサリを主体とし、貝を主体とする純貝層の間に、土器を多く含む層、炭がまじる層や凝灰岩を含む層などがはさまっている。

鳥類ではガンカモ類が圧倒的に多く、六割以上を占める。宮戸島周辺には、いまでも冬になるとガンカモ類が飛来し、内湾や沼、河口で羽を休めている姿をよくみかける。それらが捕獲対象になったのであろう。後・晩期に有茎石鏃が増加するのはカモ猟と関連する可能性も考えられる。

哺乳類の量は少ないが、ニホンジカとイノシシがほとんどで、各層から破片で出土している。ニホンジカの中手骨や中足骨、そして鹿角は骨角器の素材となるために、ほとんどに加工痕跡がある。また、骨に残されたカットマーク（石器で切ったとき骨に残る傷跡）から解体法が検討されている。

釣針、ヤス、銛、離頭銛などの漁具はもちろん、里浜縄文人の造形力を示すみごとな骨角器も多数出土している。鹿角の叉部を用いて繊細な彫刻を施した腰飾り（図34）、イノシシの牙を素材として彫刻が施された装身具（図35）、遠く伊豆諸島方面からもたらされたオオツタノハ素材の腕輪などがある。これらの西畑地点出土遺物は一括して重要文化財に指定され、いつでも東北歴史博物館の貝塚コーナーでそれらをみることができる。

貝で埋めつくされた谷

この西畑地点の貝層は、いちばん高い側の開始部と低い方の先端部がその後調査され、縄文後期後葉コブ付き文土器の時期に始まり、晩期後半の大洞A式期を最後に貝層の形成は終わることが確認された。

図 34 ● **鹿角の叉部を用いた腰飾り**（重要文化財）
西畑地点で出土した、鹿角叉部を素材にした腰飾り。（幅 14.9cm）

図 35 ● **イノシシの牙製の装身具**（重要文化財）
硬いイノシシの牙を半裁し、エナメル質の部分を用いて加工している。中央部に三叉文がみられる。（上の幅 4.6 cm）

寺下囲地点は、後期後葉コブ付き文土器の時期から弥生時代寺下囲式期までの貝層が形成されている。寺下囲地点には北と東に開くふたつの谷があり、そこを貝層が埋めつくしている。寺下囲北貝層は松本彦七郎が調査をおこない、貝層と凝灰岩崩壊土の互層になっており、最下層から縄文後期のコブ付き文土器から最上層の晩期大洞C2式土器まで一八枚の貝層に分層している。

寺下囲地点とは逆の南側に向かって傾斜する地点にあたるのがHSO地点である。HSO地点は、墓坑の下に後期後葉コブ付き文土器の時期の魚骨を主体とした貝層が形成されている。HSO地点の南西では、晩期大洞C2式土器を含む貝層も確認され、またこの東の地点では、一九三四年の角田文衛《つのだぶんえい》による発掘で晩期後半の大洞A式土器が検出されている。

これらのことから里・寺下囲・西畑地区の高台部分をとり巻く小さな谷は、ほとんど貝層で埋めつくされていたことがわかる。

台囲地区三〇〇〇年間の記録

一方、台囲地区では、西斜面に縄文前期大木5式から晩期中葉大洞C2式まで連続した廃棄層が形成されている。斜面側に約三〇〇〇年間にもわたって食糧残滓を廃棄していたようである（図36）。生活残滓によって埋め立てられた場所は、生活空間としても利用されている。

台囲地区風越地点の貝層の調査では、西畑地点と同様の方法を用いて、動物遺存体の分析をおこなっている。同定した動物遺存体は、貝類九八種、魚類四六種、哺乳類一一種、鳥類一〇種で総計一六八種である。貝類はアサリ六二・八パーセント、スガイ二〇・一パーセントが圧倒的に多く、食用貝であるイガイ、カリガネエイガイ、オオノガイ、マガキ、オキシジミは二、三パーセントにすぎない。魚類はアイナメ属とフカカサゴ科などの周年漁獲可能な底性魚が多く、スズキ、タイ科、マフグ科、マアナゴ、ウナギがこれにつづく。西畑地点で大量に捕獲されていたイワシ類は高くても一〇パーセント弱であることは注目される。鳥類ではガンカモ類、哺乳類ではシカ、イノシシが卓越する点は西畑地点と共通する。ほかに、イルカ、クジラやアシカ、オットセイなどの大型海獣もわずかに出土している点は、これらが回遊してくる当時の海域環境とあわせて注目される。

これらの廃棄層に共通する特徴は、魚貝類、獣鳥骨などの食料残滓だけでなく、土器、石器、骨角器などの生活の道具や、それを製作する際に生じた未製品、屑などの生活廃棄物全体を含むことである。

図36 ●台囲地点の貝塚完掘状況
縄文中期後半の貝層の堆積である。約70枚の層に分層している。
放射性炭素年代測定によれば約250年間の堆積物と推定される。

製塩遺構

西畑北地点は、里浜貝塚の北端にあたり、西畑の浜に突出する微高地である。発掘前にすでにその畑一面に、製塩土器であることが明らかな赤茶けた無文土器が散らばっていた。そこを発掘すると、貝灰と土を混ぜた漆喰状のもので地面を固めた、浅い皿状の製塩炉が一一基重なって検出された。

製塩炉は、縄文晩期後半の大洞C2式、大洞A式、弥生中期（桝形囲式、図37）の時期のものである。炉の形態は、縄文晩期にはややくぼんだ地床炉や平坦な地床炉であったが、弥生時代になると石敷き炉へと変化する。製塩土器の形態も変わり、大洞C2式は平底であったのが大洞A式から尖底に変化する（図38下）。煮沸効率の向上をはかったのであろうが、土器をどのように支えたのであろうか。里浜貝塚における土器製塩の開始は、製塩土器の出現時期から推定すると古くても大洞

図37 ● 西畑北地点の石敷きの製塩遺構
弥生時代中期（桝形囲期）の遺構で、凝灰岩礫を敷き詰めている。表面は熱を受けて赤化しているが、裏面は凝灰岩の緑色を呈している。その上にある白っぽい土器片は弥生土器。

BC式以前にはさかのぼらないようである。

製塩遺構付近から出土する製塩土器は熱により赤く変色し、こまかく割れている（図38）。製塩炉は一メートル四方程度で、それほど大きなものではない。製塩土器を一〇から二〇個ほど並べられる大きさにすぎない。一回の塩の生産量はそれほど莫大な量ではなかろう。この調査によって、縄文時代晩期に里浜では、専業的な塩づくりがおこなわれている可能性がでてきた。

一方、西畑地点の貝層からも製塩土器が出土している（図39）。貝層から出土する製塩土器は製塩遺構から出土するものと同じとは思えないほど保存状態がよい。西畑地

図38 ● 縄文晩期後葉（大洞A式期）の製塩遺構と製塩土器底部破片
上：遺構には製塩土器の破片が散乱している。
下：写真は底部。熱を受けて小さな破片となっている。

点貝層から出土する製塩土器は、製塩作業後、塩を入れて集落まで持ち込まれた製塩土器と考えられる。塩は食料の調理や保存加工に用いられたのであろう。

製塩炉の近くにはアサリとカキ、イガイのほぼ純粋な貝層が検出された。そこから出土した土器は、大洞C2式の壺形土器破片が一点だけで、ほかは大量の無文深鉢の製塩土器である。製塩遺構にともなう貝層も、西畑地点同様の微細層位発掘による悉皆採集法が適用された。

西畑北地点の貝層の組成は単純である。貝類、魚骨とわずかな獣骨で構成されている。西畑地点の貝層は集落に付随する貝塚であるが、西畑北地点の貝層は浜辺間近に設けられた製塩作業場にともなう貝層で、その性質は異なる。

図39 ● 貝塚から出土した製塩土器（重要文化財）
貝のカルシウム分を吸収するなどして、保存状態は良好である。（高さ34.5cm）

4 里浜縄文ムラの終焉

縄文時代も終わりごろになると、台囲地区からその生活の痕跡が消える。里浜のなかで、里・寺下囲・西畑地区にのみ、晩期末の遺物が確認されている。縄文後期からこれらの地区が生活の主体になり、晩期には製塩作業などが盛んにおこなわれていた。

残念ながらこの時期の居住遺構は確認されていない。しかし、複数の世帯が各地点で生活していたと考えられる。寺下囲地点の墓の一部は、縄文晩期後半のようである。貝層形成や墓域の広がりはそれを形成した人びとの生活を反映すると考えられるので、里浜での活動が急激に低下したのであろう。

縄文晩期から弥生時代前期への移り変わりは、里浜の発掘ではまだよくわかっていない。弥生時代中期になると、西畑北地点に製塩炉がみつかるので製塩活動が継続されていたことはわかる。寺下囲地点でも土器がまとまって出土しており、生活の痕跡をみることはできるが、縄文晩期の状況とくらべると、その縮小ぶりは驚くほどである。縄文晩期には、ほとんど生活の跡がみられなかった仙台平野に広大な水田稲作する集団があらわれ、松島湾岸の小規模な遺跡は製塩など限られた活動だけがおこなわれる地となるようである。

弥生時代後期になると西畑北地点で天王山式土器が一点と、生活の跡はさらにとぼしくなり、古墳時代には西畑地点のトレンチ内から塩釜式土器と管玉、石製模造品がわずかに出土しているにすぎない。里浜は当時の人びとから生活の場としてはほとんど忘れさられた地域になる。

弥生時代から古墳時代にかけての日本列島は、狩猟採集社会から食料生産社会に変貌し、さらには強大な権力をもつ者が登場するようになった。この激動の時代、徐々に里浜はそれらとは無縁な地域になっていったようだ。

第4章　里浜縄文カレンダー

1　四季を読み解く

時間のものさし

里浜貝塚西畑地点の調査研究でもっとも画期的だったのは、貝塚のなかに季節の推移をみる基準を導入したことである。

これまでの縄文時代研究では、短くても数十年かと思われる土器型式や、十数年で建て替えられる竪穴住居といった、長い年代幅で遺跡を分析してきた。あるいは逆に、石器の剝離といった瞬時の行動の連鎖という分析法もあったが、こうした長・短な時間の単位で考えるのではなく、人間の生活に即した時間の流れを基準として研究を進めることが可能となったのである。それはどういうことか。

貝塚をかたちづくる一つひとつの層には、それぞれ上下関係があり、下が古く上が新しいという相対的な順序がある。しかし、それはそのまま数字で示せるような時間のものさしにはならない。

考古学では、土器型式を使って年代順序のものさし（相対年代）としている。しかし、それは何十年もの時間幅をもっている。里浜貝塚西畑地点の層は五〇〇枚にものぼるが、時間的にはすべて大洞C2式という土器一型式のなかにおさまる。それぞれの層は、数日分の廃棄単位と予想されるので、その日数はさておき、個々の層の堆積順をまず時間の目盛りとして貝塚形成の経過を把握する。ここではまだ相対年代である。

縄文時代の村は竪穴住居が多数あり、重複する例が少なくないことなどから、縄文人の生活は季節を通じて営まれていたという意見もあれば、通年居住とは限らず、季節的な移動もあるという意見もあった。そうした目でこの貝塚の層の堆積をみるとどうなるか。

四季を読み解く遺物はないだろうか。里浜の自然は四季の恵みにあふれていた。宮戸島大浜漁港に水揚げされる近海魚は、季節によって異なっている。さらに渡り鳥たちは秋に飛来し、春先に北の空に去ってゆく。ここにまず目をつけたのである。

層に含まれる動物遺存体のなかに、季節性を見出すことであった。夏期の指標となる動物遺存体にはアワビ、アカニシ、ヒメエゾボラ、回遊魚であるクロマグロ、マアジ、マサバ、ウニ、ガザミ、冬期の指標としてガンカモ類、ウミスズメ、ヒメウ、カイツブリなどがあるではないか。

アサリでわかる季節

さらに、こまかい季節性を示す資料を求めていたとき、当時埼玉大学にいた小池裕子が、アサリの成長線による季節性推定の研究に成果をあげていた。これだ。

里浜では三月になると、アサリが解禁になる。海水はぬるみはじめ、大潮により干潟ができる。日中の引き潮の時間帯になると、島にいる老いも若きもクマデを片手に浜に出てゆく（図40）。引き潮の時間帯は、日に日に変化する。日中に潮干狩りができる日は意外に限られているし、その作業時間も約二、三時間である。アサリの大量採集可能な季節は、春から夏に限られてくる。

小池の研究を少しみてみよう。アサリには縞々の線がある、たてに走る淡い線を肋線《ろくせん》という。それに直交する形で同心円状に成長線が形成される。成長線は、すべての生物の硬質部分に形成されるという。アサリは硬い殻をもっているから、食料

図40 ● 西畑の浜での潮干狩り
春の大潮の時期になると、里浜の人びとは自分の漁場に出かけてアサリ掘りをおこなう。家々の漁場は昔から決まっているようである。

を摂取して大きくなるには、殻も大きくならなくてはならないので、毎日一本の成長線が形成される。

季節によって、アサリの食料であるプランクトンの摂取量が異なるから成長線の幅が異なる。暖かい季節には活発な食料摂取があり、成長スピードが早く成長線の幅も広くなる。反対に寒くなると成長がほとんど止まってしまう。一年のうちで成長が止まる時期は、大寒《だいかん》のころである。その時期の成長線の幅は狭くなり密になる。

成長線が密になる時期から何本の成長線が形成されたか数えることで、アサリが死んだ時期、すなわち人によって採集され食べられた季節が明らかになるというのである。

里浜貝塚の貝層にアサリは山のようにある。資料としては十分すぎる量である。アサリの成長線による季節推定は、里浜貝塚の微細層位発掘法に画期的な生命を吹き込んだ。西畑地点の二〇層か

図41 ● 蛤浜の貝
蛤浜の砂泥を掘り起こすとアサリ（上方の小ぶりのもの）だけでなく、カガミガイ（中央の大きなもの）やオオノガイなどもとれる。

ら二二五層まで、アサリの成長線分析をおこなったところ、六年間の堆積層であることが明らかになり、さらに四季の季節性もみえてきたのである。

これまでおこなってきた詳細な分析成果が、縄文人の日常生活に即した四季や数年という時間経過のなかで理解することが可能となり、まさに東北歴史資料館の努力が陽の目をみることとなった。これによって里浜縄文人の生業暦が実証的に提示できたのである。

では、考古学的事実に民俗例を加味して復原された縄文晩期の生業カレンダーをみてみよう（図42）。

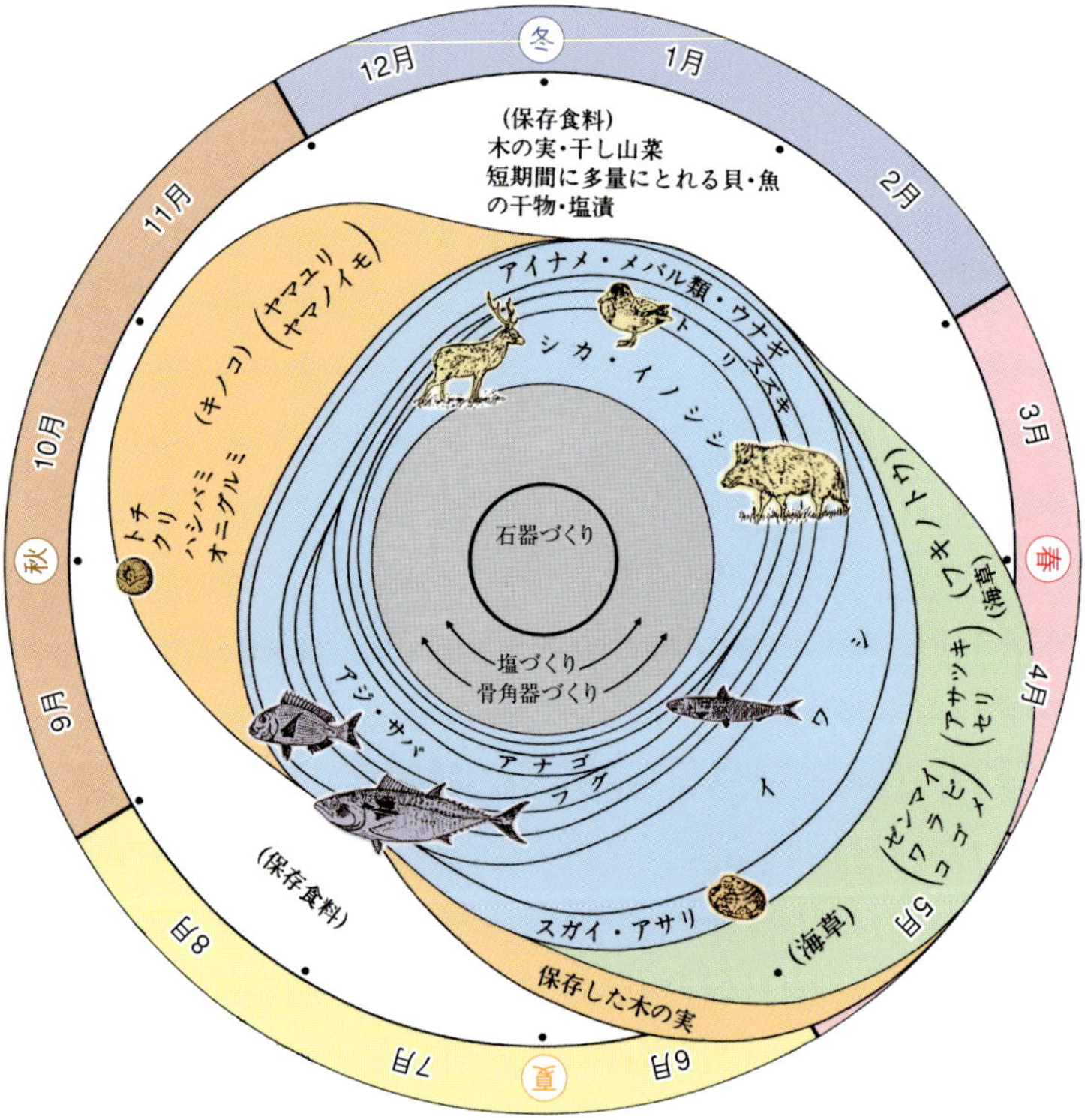

図42 ●復原された縄文晩期の生業カレンダー
里浜縄文人は宮戸島周辺の四季折々の自然の恵みを十分に堪能していたといえる。

2　春の漁

里浜縄文人のとった魚

里浜縄文人が季節の変化をもっとも感じたのは海であったろう。季節の変化にあわせて食卓にのる海の幸は変化する。

里浜貝塚は、北側に内海、南側に外海が広がり、四周を海に囲まれた宮戸島に位置することから、水産資源にはたいへん恵まれていた。貝塚から出土した魚介類の遺存体がその豊かさを証明している（図43）。松島湾内で春の捕獲対象魚は、通年とれるアイナメ・フカカサゴ科・ウナギである。また春の大潮にあわせて貝類の採集が始まり、七月ごろまで継続する。大量に捕獲したアサリ類は乾し貝などに加工した。四月には、湾内を回遊するマイワシの群れやフグを網漁で捕獲する。大量に捕獲した魚類は頭とワタをとり

図43 ● HSO地点から出土した魚類の骨（縄文後期後葉）
魚骨層から出土したスズキ（上）とマダイ（下）の顎骨。この顎骨から復原される体長は50cm以上になる。現代ならば高級魚である。（上の写真左上幅6cm、下の写真左上幅4.9cm）

はずし、保存用に加工して内陸のムラへと運ばれた。

ただし、宮戸島をとり巻く環境は、縄文時代という長い時の流れのなかで地球規模の気候変動や局地的な海岸線の浸食などによって変化したために、その水産資源状況は一定ではなかった。また、これと関連して縄文人の漁法や漁場も変化した。

魚類は時期によって捕獲魚種にかたよりが認められる。縄文前期の梨木東地点ではマダイ・スズキ・マグロ類・クロダイ・アイナメ・フカカサゴ類・メバルが、中期の台囲頂部地点ではサヨリ・ニシン科など表層魚、スズキ・アイナメ類・フカカサゴ科の底性魚が多い。後期の台囲地区風越地点ではアイナメ属・フカカサゴ科・スズキ・タイ科・マフグ科・マアナゴ・ウナギなどが多く、晩期の西畑地点では（図44）、個体数が多いほうからイワシ類・アイナメ類・スズキ・フグ・マアナゴ・サバ属・マアジ・フカカサゴ科となっている。

後期から晩期にかけてフグの捕獲量が増加するのは、安定した調理法が開発されたためであろうか。西畑地点のイワシ類も自給食料以上の捕獲があったのであろうか。

これらの捕獲魚種の変化は、ひとつには宮戸島をとり巻く海

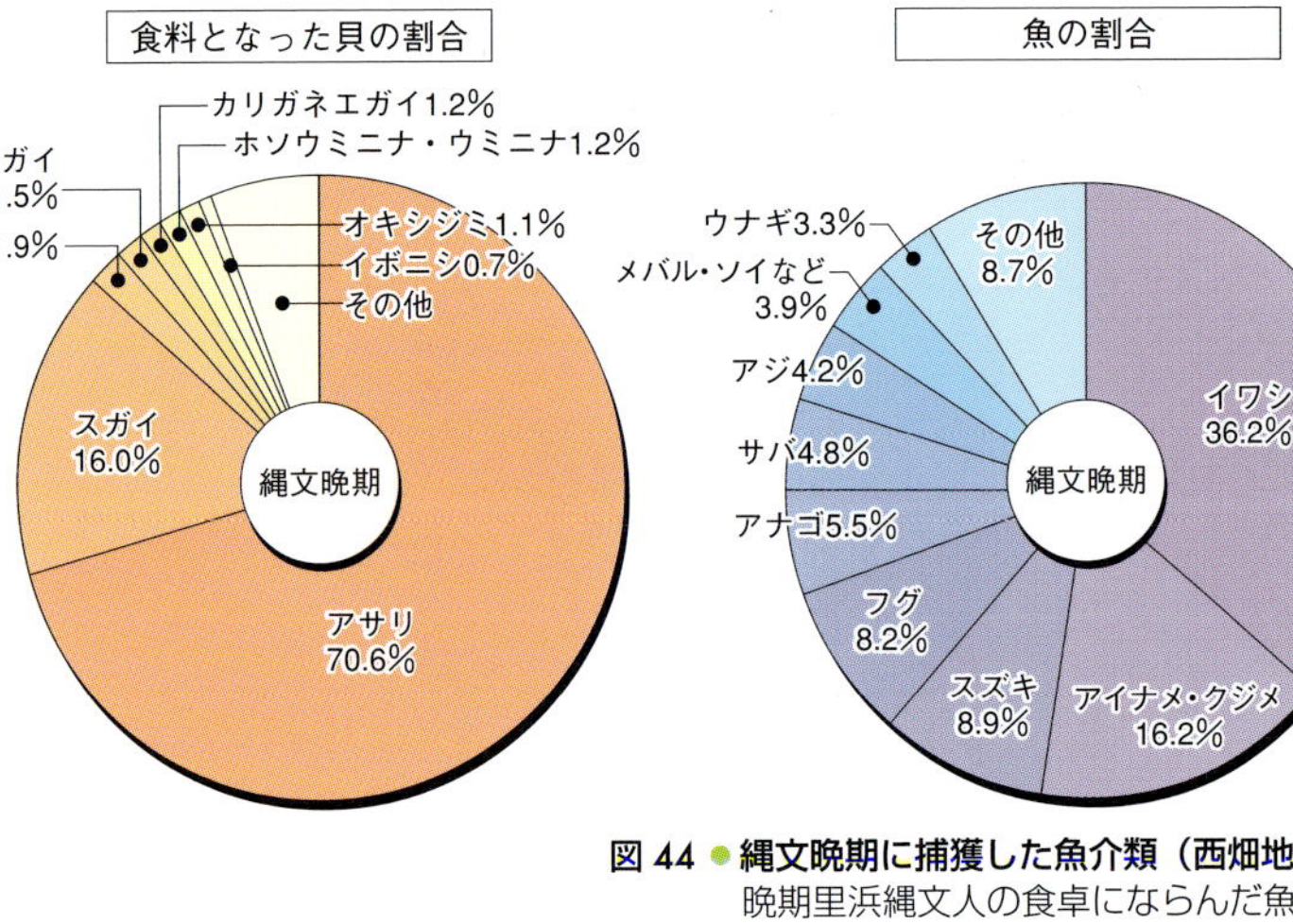

図 44 ● 縄文晩期に捕獲した魚介類（西畑地区）
晩期里浜縄文人の食卓にならんだ魚介類は、
現在の宮戸島で捕獲されるものに近い。

の環境変化で、水温や海流の変化により回遊魚種も異なった可能性がある。

また、里浜縄文人の漁法の変化も考えられる。少なくとも、漁具には大きな変化が認められる（図45）。前期から後期前葉までは釣針すなわち釣漁が中心で、後期中葉になると銛・固定銛・ヤスなど多様な漁具が登場し、大型魚の突き漁も盛んになるなど、漁法自体の変化もあったようである。また西畑地点で多量に出土するイワシ類の捕獲には網が欠かせないものであったろう。

現在の松島湾でおこなわれる漁法や伝統漁法を参考にして、縄文時代の漁法を推定することもできる。すなわち、表層小型回遊魚（マイワシ、マアジ、サバ属）を潮の干満を利用して捕獲する張切すだて漁である。

里浜縄文人のとった貝

一方、貝類は、縄文前期から晩期にかけて、スガ

図45 ● 台囲地点出土の漁具（縄文後・晩期）
鹿角製の銛、ヤス、固定銛、釣針、土製錘など。これらの漁具を用いて大型魚類を捕獲したのであろう。（左端長さ 9.5cm）

イ・クボガイ・カリガネエガイなど岩礁性の貝類からアサリ・オオノガイなどの砂泥性の貝類に変化する（図44）。量はアサリとスガイが圧倒的に多い。岩礁と砂泥の浜という異なった漁場があり、時代が新しくなるにつれて、後者に重点が移ったと思われる。

縄文前期は温暖期で、いわゆる縄文海進のピークの時期にあたり、海水面が現在よりも二メートル内外高くなっていた。現在は陸地化している低地部まで海が入り込み、岩肌に岩礁性の貝類が生息していたのであろう（図46）。岩礁性の貝類は、引潮のときに岩場に舟を近づけ、掻き落とすようにして採集できる。また、砂泥性の貝類は現在の潮干狩りのように大潮の季節に干潟になった浜で容易に採集できたであろう。

また、ウニ・カニ類も縄文前期の梨木東地点から出土しており、縄文時代を通じて食卓にのぼっていたことがわかる。

なお、春はワラビなど山菜の季節でもあり、海の幸をとる合間にそれらの採集も並行しておこなわれた。

図46 ● 宮戸島メカル浜の岩場に付着する岩礁性の貝類
カキ、イガイ、イボニシ、レイシなど。産卵期の巻貝類は群集するので、干潮時に小船を近づけて掻き落とす。

3　夏の漁と製塩

外洋でのマグロ漁

夏の漁場は外洋側に拡大した。大型魚は外海に出ることではじめて捕獲できる。マダイや大型のスズキやブリ、さらにはクロマグロ、マアジ、マサバなどの外洋性回遊魚がねらいである。やや不安定ながら丸木舟をこぎ出して大型魚を追う。

捕獲方法は沖合では集団による追い込み漁、浜寄りでは釣り、潜水漁法もおこなわれた。小型魚は網漁などが考えられる。捕獲したタイ類は頭を落とし、開いて乾し魚として加工した。

里浜貝塚から出土する魚類で大物はマグロである（図47）。マグロは群れをなして回遊する。これらを一網打尽に捕獲することができれば、大量の食料確保ができる。

松島湾沿岸の貝塚のなかで、もっとも奥に位置するのが松島町西ノ浜貝塚である。外洋の魚であるマグロがこうした湾奥まで接近することはまずないと考えられるが、西ノ浜貝塚からもマグロの骨は出土する。マグロの椎骨が並んで出土することがあり、これはぶつ切りにして分配した結果ともいえる。

こうしたマグロの骨は松島湾の貝塚群すべてから出土する。

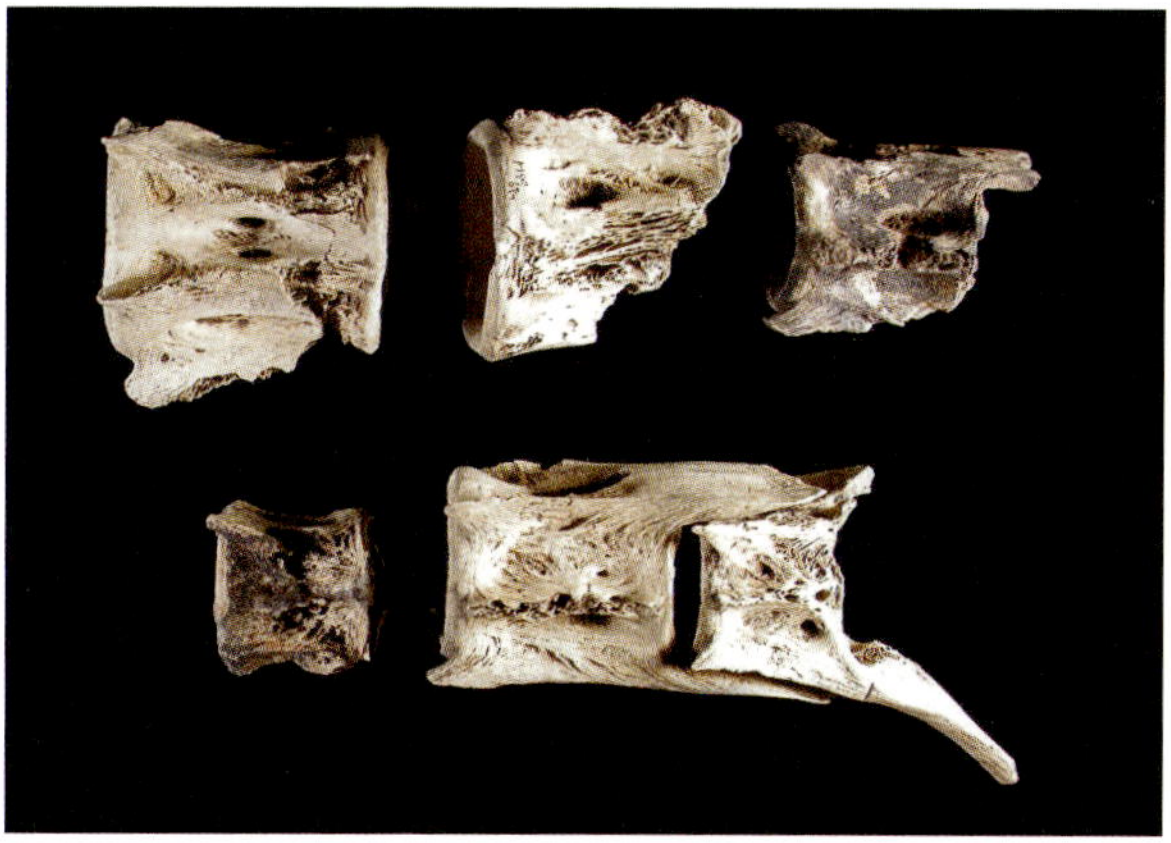

図47 ● HSO地点から出土したマグロの椎骨（縄文後期後葉）
魚骨層から出土したもの。尾骨に近い部分に石器でつけられたカットマークが残る。これらの椎骨は繋がることから、ぶつ切りにされ分配された可能性がある。（左上幅5cm）

これらのことから、マグロの群れを確認した外洋に面する集落がほかの各集落に連絡し、松島湾沿岸の縄文人が総出でマグロ漁をおこない、皆でその成果を分け合うという図が想定できる。これは林謙作《はやしけんさく》の仮説であるが、松島湾に暮らす海の民のかつての姿を彷彿とさせるものではないだろうか。

また貝類では、アワビ、アカニシ、ヒメエゾボラ、さらにはウニなどがこの季節に出現する。潜漁法で興味深いのは、里浜縄文人の骨に外耳道骨腫という病変が認められることである。潜水漁法をおこなう漁師にも同様の病変が多く認められることから、里浜縄文人が松島湾内で潜水漁法をしていたと考えてよいだろう。さらに、砂浜や岩礁付着する貝類の採集、産卵で岸に近寄るガザミとりもある。

塩づくり

夏には、食料獲得以外に重要な塩づくりがある。大量に消費する塩づくりのための製塩土器もこれに先立ってつくらなくてはならない。薄手なので、煮沸中にすぐこわれるし、ほかの村への塩容器としてかなり多めにつくる必要があった。

縄文時代の製塩は、製塩土器で海水を煮詰めることで塩をつくったようである（図48）。しかし、海水を最初から煮詰めたのでは、長い煮沸時間が必要となり、素焼きで薄い製塩土器では長い加熱には耐えられず、割れてしまう。そこで濃い海水をつくる必要がある。

この方法にはいくつか仮説がある。海水をためておいて、蒸発させて濃い海水をつくるとい

図 48 ●**体験学習の製塩実験**
実験では事前に海水を鍋で煮詰めておいて、それを
複製した製塩土器に入れ、さらに煮詰めた。

図 49 ●**実験で土器の底にたまった塩**
上のほうに結晶しているのはにがり部分で、
その下に結晶しているのが塩である。

う説。海水を乾燥した海草にかけて、水分を蒸発させ、塩分を海草に付着させ、その海草を燃やし、さらに塩分を含んだ灰を海水に溶かし、濃い海水をつくるという説などである。最終的に濃い海水を製塩土器で煮詰めて、塩を結晶させる。

わたしは、海草を使う後者の説こそ可能性が高いのではないかと考えて、製塩遺構の貝層を発掘し水洗選別して入念に観察したところ、焼けた微細貝類と海草の根の部分に付着する石灰化したものが多数検出された。これは海草を燃やした確かな証拠であろう。

このような作業を重ねて塩はつくられた（図49）。製塩土器は西畑地区の貝層からも出土するので、でき上がった塩を製塩土器に入れて居住域にもち込み利用されたことがわかる。

これらの塩は調味料としてよりも、むしろ魚類加工の添加物として使われた可能性が高い。生魚も、塩蔵や乾燥・燻製にすることで、長期保存が可能になるだけでなく、遠くに運ぶこともできる。大量に捕獲された魚は、塩を用いて迅速に保存処理をしないと、夏などは腐敗してしまう。

西畑地点の縄文晩期貝層からは、大量のタイ類・スズキ・フグの頭部骨が椎骨にくらべ多く出土している。頭を落として保存処理をして、交易品とした可能性を考えてよいかもしれない。

4　秋の木の実採集

秋から冬をへて春先にかけては海の仕事は低調になる。マガキとりなどがおこなわれるが、岩礁の根にすみ着く根付魚のアイナメ・カサゴなど、周年捕獲可能な魚が相対的に多くなる。しかし、秋には、トチ・クリ・クルミなどの堅果類の採集がある。

第1章でのべたように、西畑の浜の奥部の西畑地点東区と里地区の低位面には、縄文中期から後期の泥炭層が広がり、縄文人の利用したトチ、クルミ、クリなどの堅果類、木片や当時の植物環境を知ることができる植物遺存体がみつかっている（図50）。

里浜縄文人は、縄文前期の気候が温暖化した時期にクリ林を拡大し、前期・中期には安定したクリの収穫を得ていたようである。ところが縄文中期末から、縄文時代の小氷期ともよばれる寒冷化が始まる。これによって寒冷気候に弱いクリ林は、大きな打撃を受けたであろう。

この寒冷化にともない、全国的に、中部高地の縄文集落にみられるように軒並み集落が縮小したり、

図50 ● 西畑地点の泥炭層から出土した植物（縄文後期前葉）
上段はオニグルミ、中段はヒメグルミ。上段右と中段は人為的に割られている。下段左はトチの実、右は同種子。
（左上長さ4cm）

途絶える現象が認められる。しかし、里浜においては集落が途絶えることなく継続して営まれている。

この継続の背景の一つに、クリ林にかわってトチノキ林の拡大という食料増産策があったようである。約三九〇〇年前を境にしてクリ林からトチ林へと植生が変化したことが、花粉分析から確認されている。

里浜縄文ムラのまわりには、クリやトチの林が広がっていたのであろう。クリはそのまま食べられるが、トチはアクぬき工程が必要なので、食料になるまでには手間がかかる。しかし、トチはよく管理した林では多量に採集でき、しかも保存性にすぐれているので貯蔵され、通年にわたって縄文人たちの主要なカロリー源となった。集落の近くにトチ林を植えて管理することで食料を確保でき、里浜での生活が継続できたのであろう。実りの秋には、里浜縄文人は多忙な毎日を送っていた。

5　冬の狩猟

シカ・イノシシとガンカモ類

里浜の冬は雪が少ないものの風が冷たく、強い風が吹くと内湾は荒れる。アイナメ・メバル類・ウナギなどは冬でも捕獲できるが、漁獲量は少なくなる。

冬の寒さで縄文人の活動も低調にはなったが、狩猟だけはかなり活発におこなわれた。

縄文時代の狩猟獣は、シカ・イノシシが中心である。民俗誌によると、それらの狩猟は冬におこなわれる事例が多く、縄文時代の遺跡で出土したシカの歯を検討した大泰司紀之《おおたいしのりゆき》も、冬季に捕獲されたものが多いと指摘している。

捕獲法は弓矢による猟であったらしく、里浜台囲地点から、シカの肋骨に突き刺さった状態の鏃《やじり》尖端がみつかっている（図51）。鏃周辺に骨増殖が認められることから、このシカは矢を受けても生きのびたらしい。遺跡から出土したのであるから、弓矢で射られてもいったんは逃れたシカが、しばらくのち再び縄文人に捕獲されたのであろう。

シカ・イノシシの捕獲数は少ないが、ガンカモ類を中心とした渡り鳥を弓で射る猟は活発におこなわれた。里浜からはガンカモ類の骨が多く出土している。いまでも秋になると、多くの渡り鳥が野蒜海岸近くの須崎沼で羽を休めている。これらもまた、里浜縄文人の格好の獲物であったろう。

なお、中期から後期にかけて認められる捕獲動物にアシカ、イルカ（図52）、クジラ、ウミガメがいる。アシカなどの

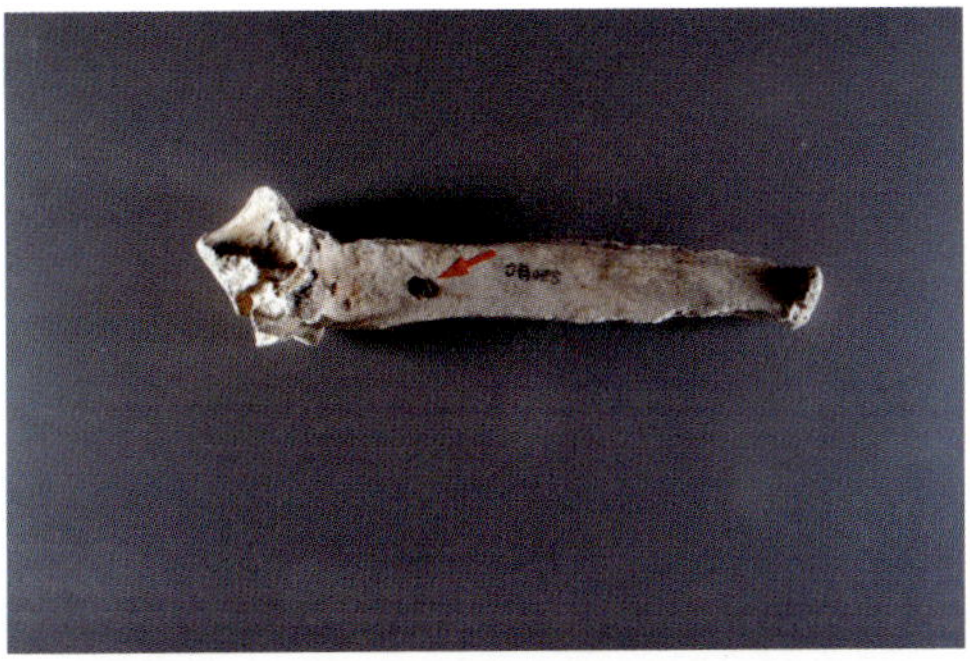

図51 ● **鏃の刺さった状態でみつかったシカの骨**
台囲地点Cトレンチ出土（1955年調査）。シカの肋骨に突き刺さった石鏃は折れて、尖端部だけがシカの体内に残った。このキズは致命傷にはならず、シカは生きのびたらしい。

海獣類は、宮戸島周辺でいまでもまれにみかけると漁師さんはいう。本来、北の海にすむこれらの海獣が海流の変化などで仙台湾までやってくることがあったようである。これらは特別な捕獲物であったろうが、出土数をみるとそれほど珍しい獲物ではなかったようだ。

生業のなかで狩猟の占める割合

里浜縄文人の生業のなかで、狩猟がどれほどの位置を占めていたのかを具体的に示すのはむずかしい。

試みに石鏃の時期別出土点数をみると、中期後半一点（台囲地点）、後期初頭七点（台囲地点）、後期後葉から晩期初頭六七点（風越地点）、晩期中葉一八五点（西畑地点）である。石鏃が代表的狩猟具であるとするなら、後期から晩期にかけて石鏃の需要が増加しているようにみえる。

この変化に対応する可能性がある狩猟対象は、ガンカモ類である。たしかに中期から後期初頭の貝層には鳥類骨はあまりみられない。里浜の地理的環境から推定しても、中型獣の狩猟はその猟場が限られており、生息数もあまり期待はできない。

後期後葉以後、ガンカモ類に特化した狩猟がおこなわれた可能性はあるが、漁撈に比較すれ

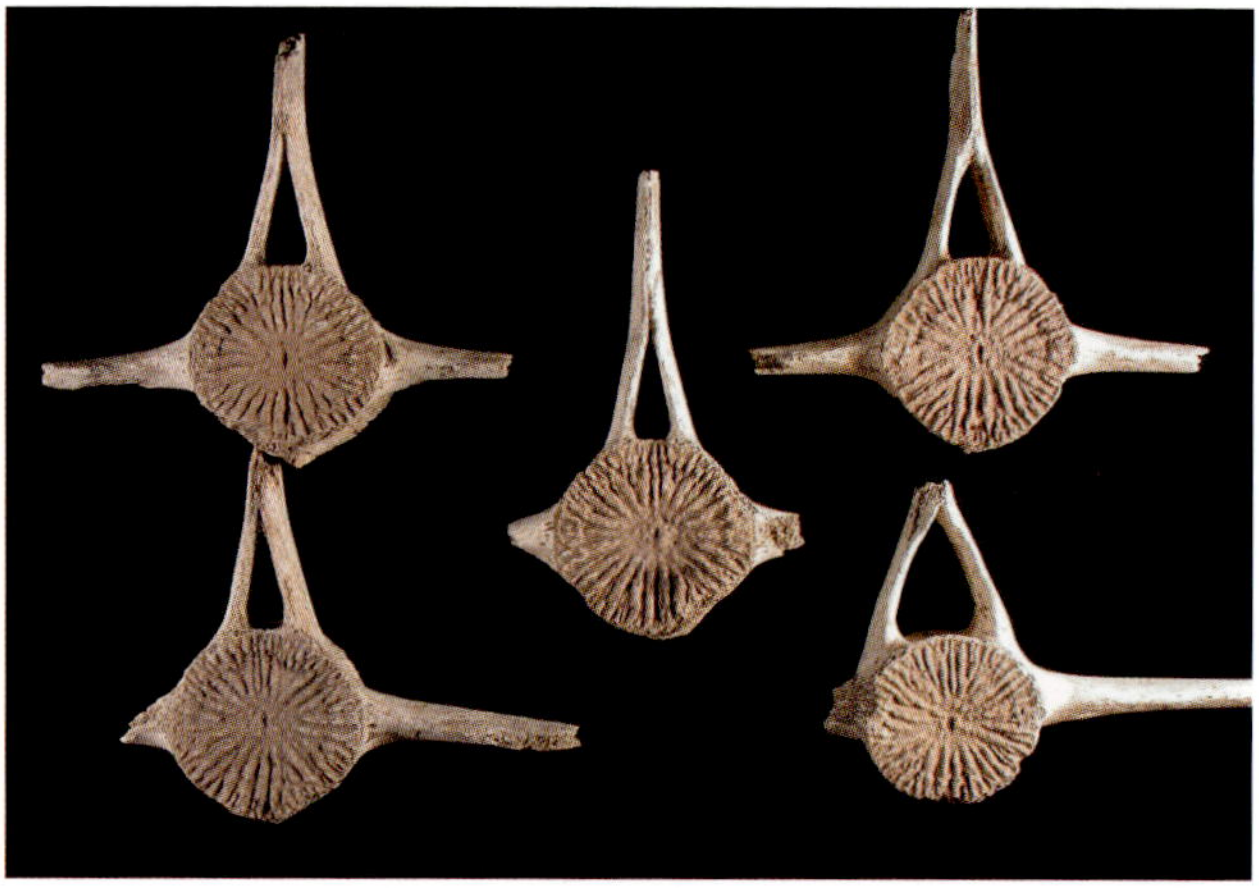

図52 ● HSO地点出土のイルカの椎骨（縄文後期後葉）
（左上幅10.2cm）

ばその割合は、きわめて低かったのではないだろうか。

里浜縄文人の食料事情

以上のように貝塚の出土遺物から、里浜縄文人の豊かな食料資源環境をリアルに知ることができる。では、いったい里浜縄文人の実際に食べた食料はどんなものであったのか。里浜人骨に残されたデータから復原してみよう。

里浜からは縄文後期から晩期の人骨が出土している。そのなかに虫歯のある人骨がある。現代人の虫歯は、歯と歯の隙間や歯冠のくぼみにできる。しかし、里浜縄文人の虫

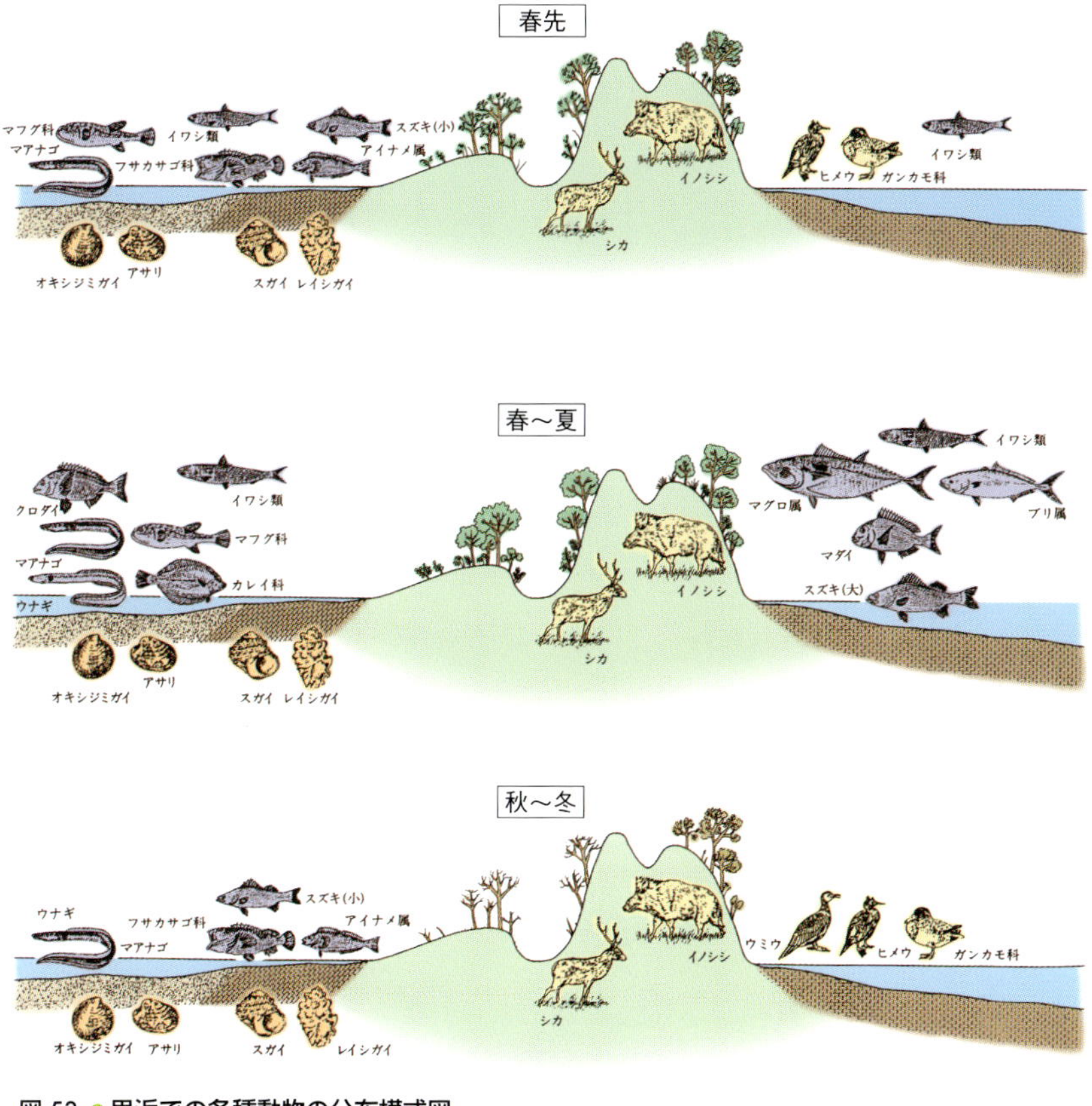

図 53 ● 里浜での各種動物の分布模式図
宮戸島は四周を海に囲まれ、島の中央には大高森がそびえ、森が形成されている。内海は１年中すみつく根の魚や貝類、外海は回遊する大型魚類、渡り鳥などがみられる。

歯は歯の側面に大きな虫歯ができている（ほかの遺跡の縄文人も同じ）。このような虫歯は、炭水化物が歯に付着した状態で生活をつづけるとなりやすいという。木の実類など植物質食料をある程度とっていた証拠でもある。

また、人骨のなかに残っている窒素と炭素の安定同位体を用いて、生前どのような食料を摂取していたかを明らかにする食性分析も進んでいる。国立環境学研究所（当時）の米《よね》田《だ》穣《みのる》によると、台囲地区とHSO地点から出土した三人の大人と二人の新生児の骨を分析した結果、彼らは海産魚類への依存度がいち

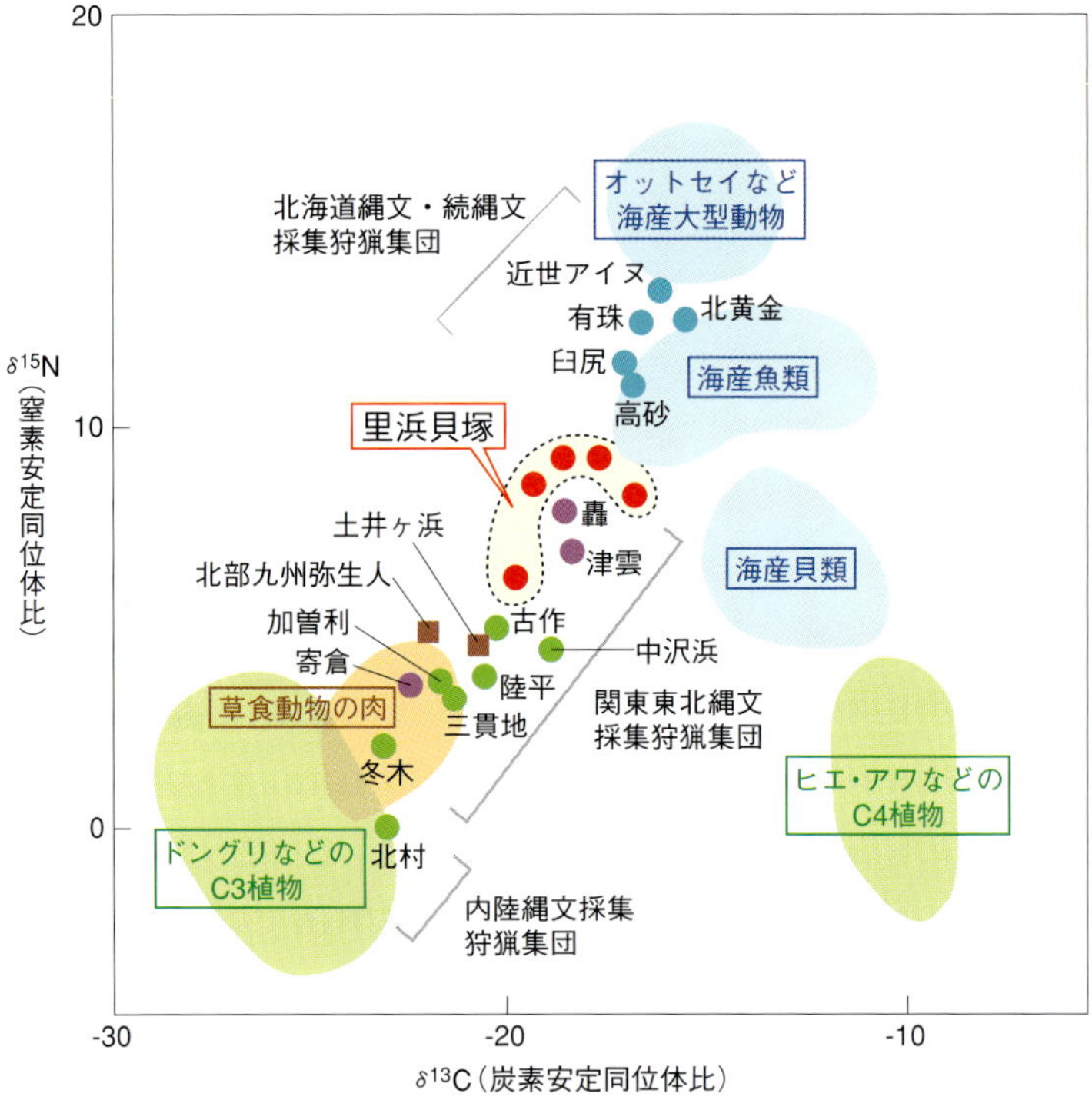

図 54 ● 里浜縄文人の食料事情

窒素と炭素の同位体比率によって食性を復原する方法である。内陸縄文人はドングリなどの堅果類や草食動物に依存する割合が高く、北海道の縄文人は海獣類や海産魚類に依存する割合が高い。里浜縄文人は海産魚類に依存している割合がきわめて高いことが明らかにされた。

じるしく高いことが明らかになった（図54）。貝塚を残した人びとであるから貝や魚を大量に食べていたのは当然だとしても、理化学的な分析で追証できたことは重要である。

さらに、里浜から出土した江戸時代と戦国時代の人骨も分析したところ、縄文人よりも海産魚類への依存度が低く、植物類とくに穀類を多くとっていたことがわかった。時代が下るにつれて魚介類への依存率が低くなる。植生の変遷を分析した結果、里浜では平安時代以降、水田経営が盛んになった証拠もある。

この分析からではどの程度摂取していたかまではわからないが、里浜縄文人は江戸時代や中世末期の人びとよりも、はるかに多く魚介類を食卓にのせていたことがわかる。相対的に陸生動物や植物質の食料は少なく、内陸の縄文人とはいちじるしい違いが認められる。

また冬は、じっくりと時間をかけて精製土器を製作した時期でもあった。精製土器は、乾燥具合をみきわめながら作業をおこなわないと、光沢ある器面調整ができない。土器づくりは、完成まで目が離せない。暖かい春の陽ざしが待ち遠しい日々がつづく。

6　道具づくりと交易

土器づくり

縄文人にとって、土器は調理になくてはならない道具である。装飾性豊かな縄文土器も日常用いる鍋・釜の類だった。縄文時代も後半に入ると、日常用いる粗製土器と、祭りなどハレの行事のための精製土器に分化する。精製土器は複雑な文様だけでなく、光沢ある器面調整が施され気品がある。このような土器も里浜でつくられていた。

里浜からは土器をつくる道具も出土している。縄文晩期の精製土器も、元をたどれば粘土である。粘土に砂を混ぜて生地土をつくり、帯状にのばし積みあげて土器の形をつくり、柔らかいうちに縄文や沈線で文様をつける。沈線を施文する道具が棒状角器である（図55）。こまかいキザミを施文するのは鳥骨製施文具である。これらの繊細な道具を用いて、レリーフ状の文様を彫りだすことができる。

さらに土器に光沢をもたせるためには半乾燥させてから、平滑な曲面をもつ小磨石や貝殻頂部で磨くのである。その上をなめらかな皮で研磨することで、さらに器面は光沢が生じる（図56）。土器表面に残るこまかな痕跡を観察し、製作実験との照合を重ねることで、このことが復原できた。

これらの土器は、十分乾燥させたうえで焼成する。縄文土器は野焼きしてつくられる。何点かまとめて集落近くの斜面などを用いて焼かれたものと推定される。

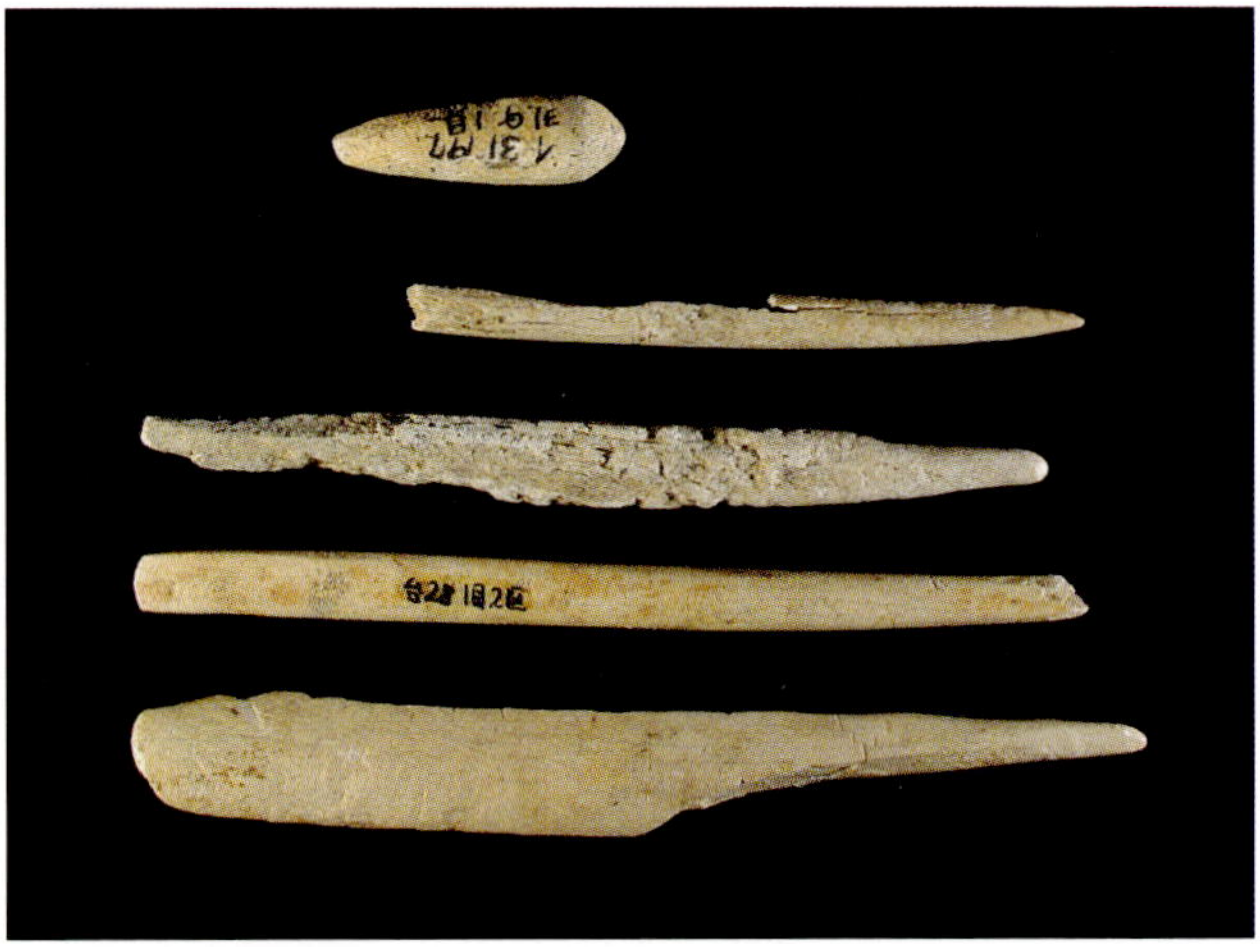

図55 ● 棒状角器
棒状角器は、端が尖型と凸型のものがある。粘土がまだ柔らかいときに尖型端で下描きし、半乾燥させてから凸型端で上描きすると、光沢のある沈線を描くことができる。（下長さ9.9cm）

図 56 ● **台囲地点出土の注口土器（縄文晩期）**
全面が研磨され黒色処理がおこなわれ、表面は光沢を帯びている。
北上川下流域の縄文晩期の土器に特徴的なもの。（高さ 16cm）

図 57 ● **台囲地点出土の土偶（縄文後期末から晩期初頭）**
腹部（右）は突出し妊娠した状態を示し、背面（左）には三叉文がアレンジされて施文され、全面に赤色顔料が塗布されている。（高さ 9cm）

石器づくり

縄文人にとって石器は、肉や皮を切り、皮や板に穴を開け、木を伐採・加工するのに必須の重要な利器である。しかし、宮戸島には良好な剝片石器用の石材は産出しない。礫石器素材も、島を構成する礫岩のなかに含まれている程度である。近傍には良好な石器石材がないのである。石器石材の調達は、里浜縄文人にとってもっぱら内陸の村々に頼らねばならないものであった。

打製石器の石材として彼らの好んだ硬質頁岩の産地は、遠く山形県の出羽丘陵女川層である。希少価値のある石器は、たいせつに用いられている。

剝片石器の基本的な製作法は、礫の表面を打ち割って整えた石核から剝片を剝離し、この剝片に加工を加えて石器に仕上げる。剝片を剝離するには石のハンマーを用い、石器に仕上げる細部調整には小さな石や鹿角のハンマーと、鹿角などを加工してつくった押圧剝離具《おうあつはくりぐ》（図58）を用いる。

里浜縄文人がもっていた剝片石器は、石鏃、石錐、石匙、石篦、スクレイパー程度である（図57）。石匙は携行万能ナイフで、常時保持できるように紐を結ぶつまみがつくり出してある。当然使用すれば刃部が磨耗して切れなくなる。金属器であれば砥石で刃を研ぐが、打製石器の

図58 ● 鹿角製の押圧剝離具（台囲地点出土、縄文中期後半）
素材は鹿角の枝角で、基部に携行するための紐を通す穴があいている。先端は折れて失われている。この道具で剝片石器の刃部を再生し、石器の切れ味をとり戻していた。（長さ15.2cm）

場合は細部調整によって刃部を再生する。

そのとき用いるのが、紐孔をもつ携帯用の押圧剝離具である。大型魚を解体し、刃部が磨耗した石匙は携帯用剝離具で刃部をつくり直して、再び切れ味をよみがえらせるのである。携帯石器の切れ味を保持するには携帯剝離具は必須の道具である。くり返しおこなわれる刃付けによって小さくなった硬質頁岩製石器をみると、里浜縄文人が道具をたいせつに使ったことがよくわかる。

西畑地点の出土資料に、石器を接合して一個の礫にまで復原できた例がある。石材は珪化凝灰岩で、それほど遠くないところで手に入れたものらしい。長径一〇センチあまりの石の塊を最初いくつかの塊に分割し、石のハンマーでその塊を打ち割って薄い剝片をつくっている。そのなかには石錐に仕上げたものもある。

この接合資料は十数枚の層から分かれて出土した。石器の打ち割った過程を復原し、その順序が

図59 ● **梨木地点出土の石器（縄文中期後半）**
左は磨製石斧、上段左から石鏃、石錐２点、中段石刃素材のスクレイパー、下段石刃素材のスクレイパー２点、右石匙。磨製石斧と左の石錐以外は硬質頁岩製。（右端長さ 9.7cm）

明らかになっているので、打ち割った順序と出土層の堆積順を比較したが、整合しない。どうやら石の塊は最初に分割され、剝片剝離がおこなわれた後に、一時保管されていたようである。それが、あらたな石材を入手したなどの理由で、使われないまま廃棄された。全部が一度にわれないまま廃棄されたのではなく、最初に大量にそして徐々に廃棄されていった。この廃棄される期間は、縄文カレンダーからほぼ二年間であることがわかった。一つの石材が二年あまりも保持されつづけていたことになる。

角器づくり

里浜縄文人は多様な角器を製作している。釣針や銛、ヤスなどの漁具が鹿角でつくられている（図60）。そのほかにも

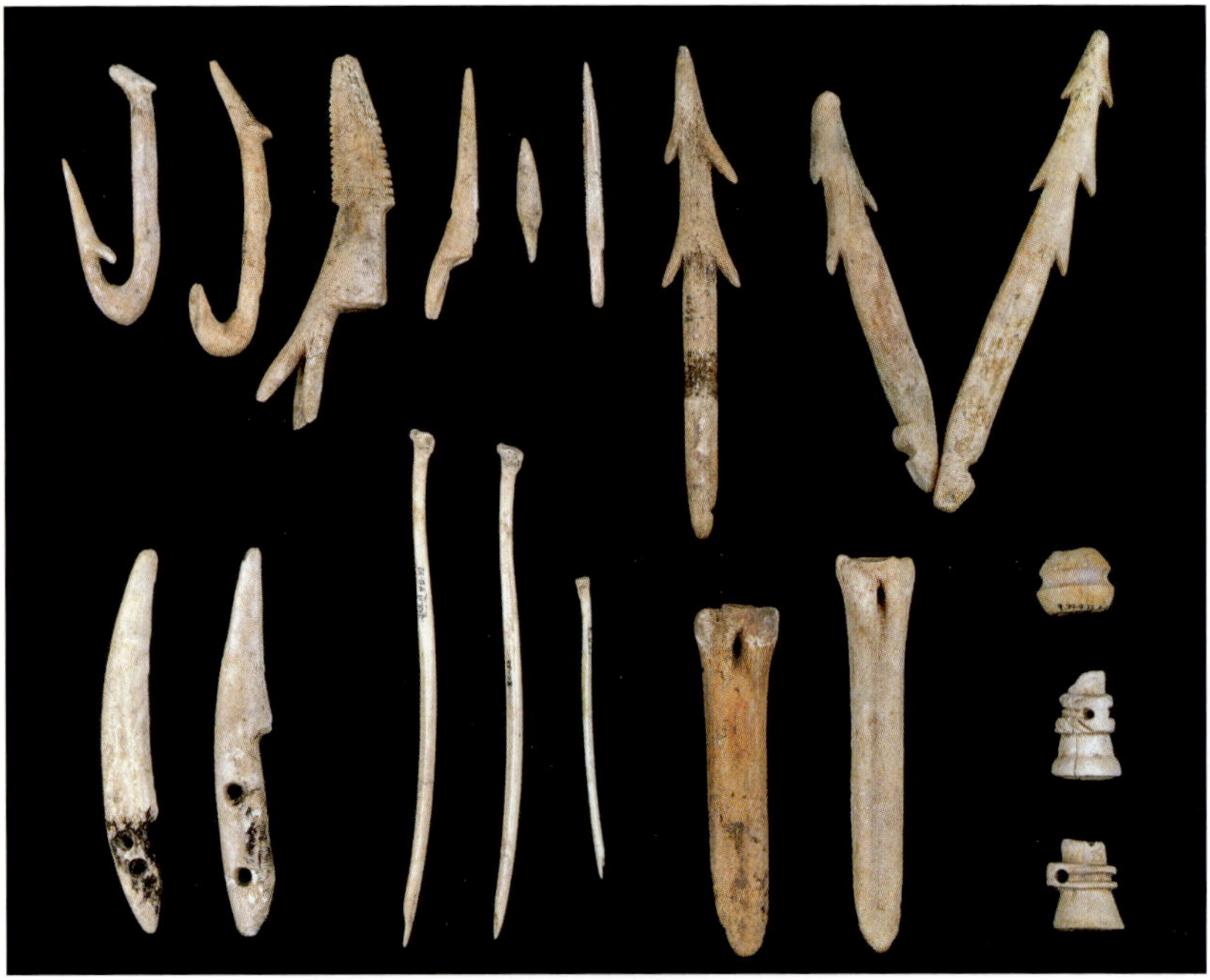

図60 ● 西畑地区出土の骨角器（縄文晩期中葉、重要文化財）
上段左より鹿角製の釣針、鹿角製の銛、鹿角製の鏃、エイの棘尾骨製の尖頭器、鹿角製の固定銛、鹿角製のヤス、下段左より鹿角製の湾曲尖頭器、鳥骨製の施文具、シカの中足骨製の骨篦、鹿角製の弭（はず）。台囲地点の漁具（図45）にくらべ銛や釣針は大型化している。（上左端の釣針長さ7.6cm）

ヘアピン、垂飾品、腰飾りなどの装飾品も製作している（図34・35）。

鹿角は毎年生えかわることから、素材は採集された落角が多い。鹿角は皮膚が角質化したものなので、水に漬けるとやや軟らかくなるが、木にくらべればはるかに硬い。切断には重量感ある礫器を用いて、打ち切りにより切断する。それを短冊状に縦割りにして、それぞれの道具に加工する。ほとんどが石器で削って加工している。仕上げに砥石を使う場合もある。鹿角製装飾品には浮き彫り文様が表現されているものがある。土器文様に共通する三叉文などの彫刻は繊細である。鋭利な石器、おそらく剝片の先をじょうずに使って細工したものであろう。

このように、出土したさまざまな遺物には、里浜縄文人のものをつくる技術・行為の痕跡がたくさん残されている。その痕跡をつなぎ合わせることで、かれらの技術動作とその連鎖の一つひとつを復原することができる。製作中のゴミとして廃棄されたもののなかに、わたしたちは「動作」というキーワードを組み込んで分析し、縄文人の具体的な技術行動を実証的に復原するのである。

さらに、道具の素材を越えた動作連鎖も復原できる。つまり、石製ハンマーと鹿角製剝離具を使って石を打ち割り石器をつくる。そのつくった石器で角器の製作をする。土器をつくるには、角器や骨器・貝器・小磨石が用いられる。さらに木材を加工するのにも石器を使う。狩猟や漁撈には石器や角器を使い、調理には石器・土器を使う。このように、里浜縄文人独特の動作と活動の連鎖を明らかにすることができるのである。

近隣集落との交易

先に、里浜縄文人の塩および加工食品が重要な交易品であった可能性を指摘した。脊梁山脈を越えた山形県尾花沢《おばなざわ》市漆坊《うるしぼう》遺跡と村山市宮ノ前《みやのまえ》遺跡から、里浜貝塚から出土する製塩土器とそっくりの土器破片が出土している。塩蔵された魚類に土器片が混じり込んだのかもしれないし、あるいは塩自体を製塩土器に入れて運んだのかもしれない。塩には、水分を吸い込んで溶解する潮解性という性質があり、にがり分はとくに著しい。したがって精製しない縄文時代の塩は製塩土器に入れてもち運び、随時加熱されたのであろう。

宮城県大崎《おおさき》市田尻《たじり》に、中沢目《なかざわめ》貝塚という旧蕪栗沼《かぶくりぬま》に面した淡水産貝塚がある。東北大学須藤《すとう》隆《たかし》により発掘調査がおこなわれ、海産魚類の骨がみつかっている。とくにイワシの椎骨が多い。沿岸部集落との交易が想定されているが、あるいは里浜縄文人こそが交易の相手であった可能性もある。里浜にとって塩は重要な特産品であるとともに、塩を用いたさまざまな水産加工品も想定でき、それが重要な里浜縄文人の交易品であった可能性がある。

では、その見返りとして里浜縄文人が手に入れたものは、何だったのだろうか。

里浜において、基本的な食料は自給されていた可能性は高い。しかし、シカ・イノシシ類は、島内および対岸の丘陵地帯だけでは微々たるものしか手に入らなかったであろう。それらの動物の行動圏よりも、里浜縄文人の陸上の生活領域はきわめて狭い。遺跡で出土したこれら中型哺乳動物の骨は部分骨であることから、分割された肉塊を交易で入手した可能性がある。

また、縄文後期中葉から鹿角製漁具が爆発的に増加する。中期の出土量と比較にならないほど大量の鹿角が消費されている。鹿角は着座角と落角の両者が用いられるが、落角がはるかに多い。落角を採集できる縄文人は、シカの行動領域である内陸の平野部と丘陵部の境を生活領域とする人びとである。そのような人びとから交易により落角を入手したものであろう。里浜縄文人は、内陸近隣集落との交易によってはじめて、大型魚や海獣類を獲得することができたといっても過言ではなかろう。

遠隔地との交易

先にふれたように、宮戸島には良好な石器石材がみあたらない。里浜縄文人が好んで用いた硬質頁岩は日本海側出羽丘陵女川層を起源とし、交易ルートを経て入手したと考えられる。逆に山形県内の宮ノ前遺跡や漆坊遺跡から出土した製塩土器は、里浜などの太平洋沿岸部集落から奥羽山脈を越えた結びつきを示す証拠である。

また、日本海沿岸油田地帯の特産品として天然アスファルトがある。アスファルトは、里浜貝塚では石鏃に

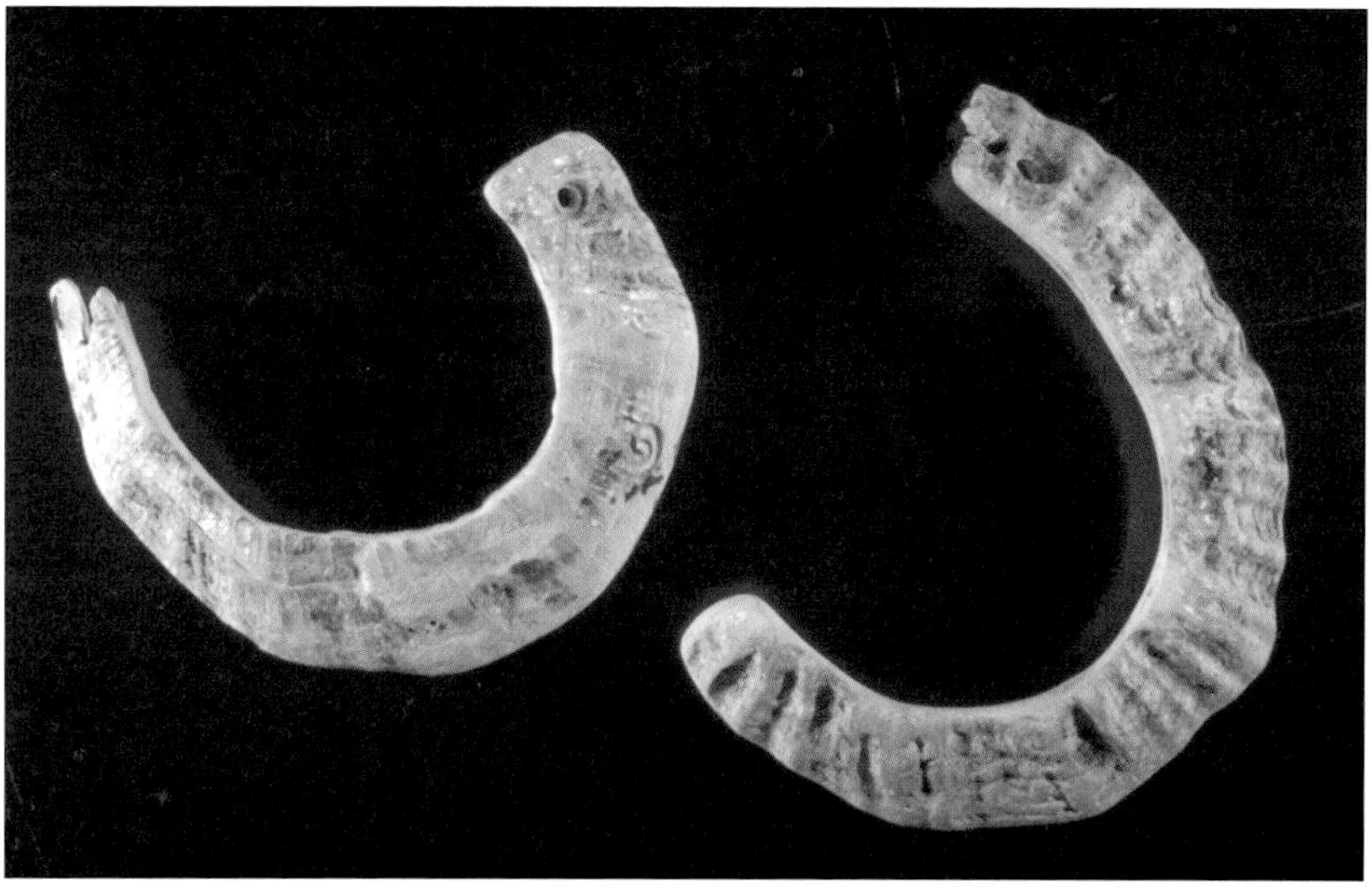

図 61 ● **南洋産のオオツタノハ製の貝輪**（重要文化財）
宮戸島の近くでは採集できないオオツタノハを素材とした貝輪。多くの人びとの手を経て里浜までたどりついたのであろう。（左長さ 6.5cm）

矢柄を装着し、鹿角製の組合せヤスの逆刺先をはめ込む際などに接着剤として多用されている。これも遠隔地から交易によってもたらされたものである。良質な石材やアスファルトといった生活必需品が安定供給されたという事実は、脊梁山脈をはさんだ日常的な東西交易の存在をよく示している。

さらに、遠隔地の北陸や関東の土器と酷似する例がわずかに認められる。土器そのもの、あるいは土器の内容物または土器の製作者のいずれかが、かの地に由来する可能性が考えられる。さらに遠方の産物である南洋産のオオツタノハ製の貝輪も出土している（図61）。これらは、たくさんの人びとの手を経て、里浜にたどりついたものであろう。

里浜の特産品のなかには、塩や加工された海産物以外にアカガイ製の貝輪がある。この貝輪は後期後葉に台囲地区で爆発的に製作されるが、以後ほとんどつくられなくなる。縄文後期前半には内陸の縄文遺跡から土製の貝輪を模倣した装身具が出土する。貝輪に対する嗜好が高まった流行の時期なのかもしれない。

以上のように、里浜貝塚から出土する遺物の出自をたどることで、縄文時代の交易に言及できる。ここでは、あくまでも遺物として残ったものだけしかとり上げていないので、本来はさらに多数あったと考えられる。縄文時代を通じて交易は存在したであろうが、遺物が直接語るところでは晩期になって、とくに活発化したようである。このような互恵的なゆるやかな交流の蓄積が、縄文晩期亀ヶ岡社会が成立する背景となる集落間の強固な結びつきをもたらしたのではないだろうか。

第5章　みんなの里浜貝塚

歴史資料館のオープンと日の目をみた松本資料

一九九〇年、鳴瀬町は「奥松島縄文村構想」を発表した。乱開発を未然に防ぐ意味と地域振興策をからめ、「ふるさと創生基金」をほぼすべてこの「奥松島縄文村」建設に投入する条例を成立させたのである。この計画は資料館の建設から始まり、里浜貝塚の国史跡指定、史跡地の公有化、遺構確認のための発掘調査、史跡整備へと進む。

一九九二年には、奥松島縄文村歴史資料館がオープンした。また博物館の開館と並行して、里浜貝塚の史跡指定作業もおこなわれた。そして一九九四年四月には奥松島縄文村建設ゾーン（縄文村交流館、石の広場、中庭美術館、里区公民館）が完成し、全体オープンとなり、翌一九九五年に、里浜貝塚約一五万平方メートルが国の史跡として指定されたのである。

奥松島縄文村歴史資料館の第一回目の開館企画展示を、わたしは「里浜貝塚と日本考古学」とし、松本彦七郎の業績を紹介した。そのためにわたしは東北大学理学部地史学教室を訪ねた。松本が分類した里浜の資料は、松本が整理した原位置のままに保管されていた（図7参照）。これらの資料の一括借用を申し出て、許可された。それから企画展示のための松本資料の再整理が始まった。保管状況の写真撮影、ほこりを落とす水洗、箱記号のネーミング、そして接合。接合は整理箱ごとにおこない、ついで整理箱間の接合を試みた。

松本の層位的発掘は、たしかにおこなわれていたのか。一説には遺跡の堆積に沿った自然層位発掘ではなく、一定の深さずつ順次掘り進む人工分層発掘ではなかったかと邪推する研究者もいた。考古学史の発掘・検証である。

一九一九年の第二回発掘の資料には、層を越えた土器の接合はなく、自然層による層位的発掘が正しくおこなわれたことがはっきりした。まさしく、松本の研究は日本考古学史上最初の貝塚の層位的発掘調査であり、それをもとにして縄文土器編年を正しく企てたのであった。

図62 ● 奥松島縄文村歴史資料館
里浜貝塚を紹介し、貝塚と縄文の景観を楽しみながら、縄文を体験することができる施設である。

体験のできる里浜貝塚史跡公園をめざして

資料館の存在が知られてくると、小学校の遠足や体験学習の施設として利用されるようになってきた。教育普及活動としての縄文教室、縄文村講演会が企画され、縄文教室では子どもたちを集めて縄文土器づくりをおこなった。その後、貝塚見学、石器づくり、火起こし、骨角器づくり、塩づくり、土器づくり、縄文料理と、体験学習のメニューは増加した。教室の勉強と博物館をつなぐ試みは、こうした子どもたちや学校の先生との交流から生まれてきた。

そして多くの子どもたちとの出会いから、史跡整備の構想が具体的に考えられるようになってきた。それは、体験のできる里浜貝塚史跡公園である。そこには縄文人がみたと同じ海が広がり、とり巻く環境は縄文時代そのもの。そんな海岸で石器をつくったり、土器をつくったり、里浜の海でとれた魚を料理して、復原した竪穴住居に泊まってみる……。二〇〇七年に史跡里浜貝塚の環境整備は終了し、二〇〇八年には念願の史跡里浜貝塚の整備が完了し、いよいよ里浜貝塚史跡公園がオープンする。

多くの人びとの発掘調査の努力が里浜縄文人の生活をあざやかに描き出してきた。そしてこれからは史跡公園として、それら永年の成果にもとづいて、だれもが縄文人の生活を学び体験することのできる格好の場となるのである。

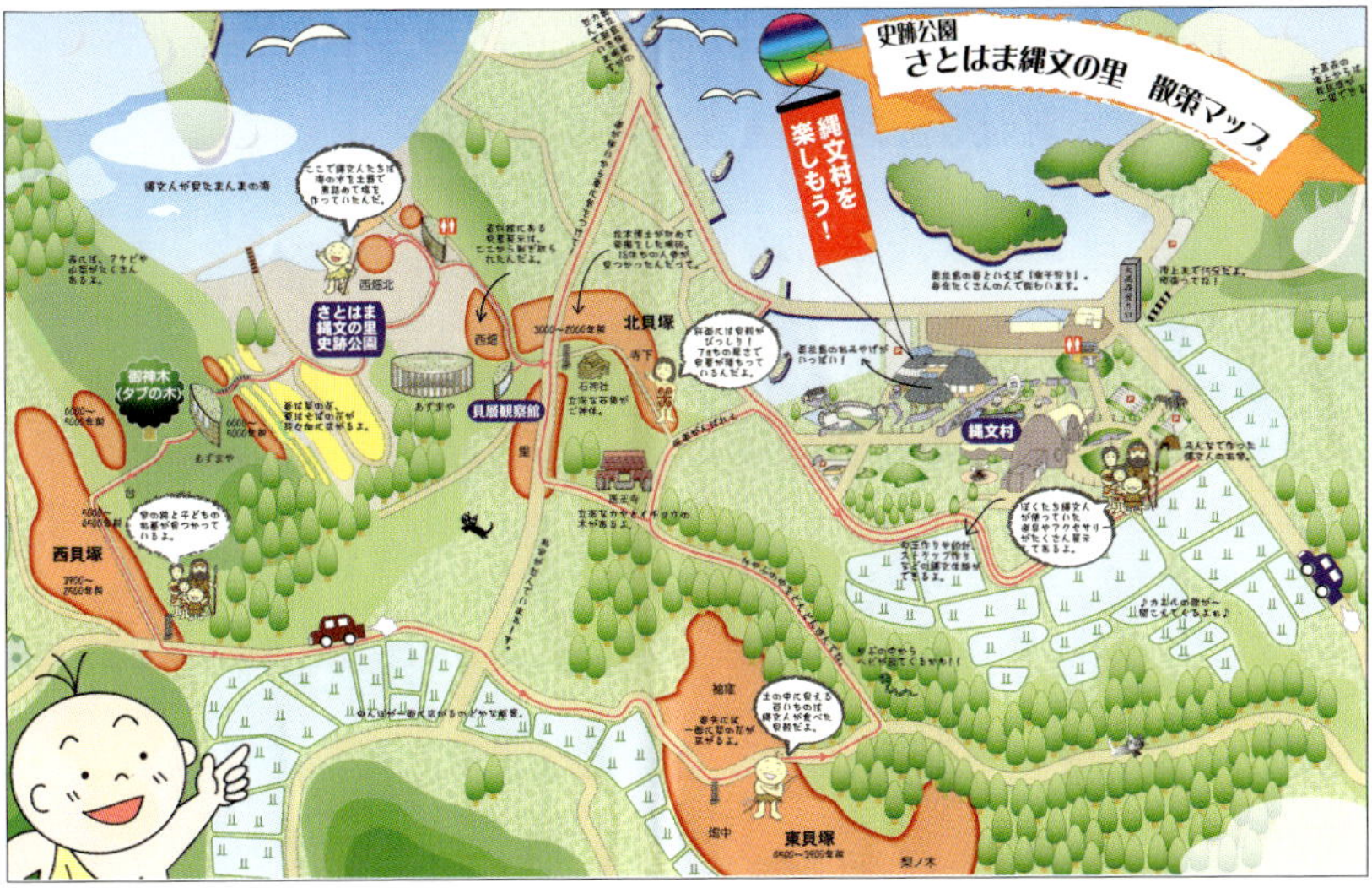

図 63 ● さとはま縄文の里散策マップ
貝塚群をめぐる散策路が整備され、各所に解説板・学習施設がつくられた。

参考文献

会田容弘　一九九四「棒状骨角器考—宮城県里浜貝塚台囲地点の縄文後・晩期土器の沈線施文とミガキの技術」『考古学研究』四一—三

一九九六「松本彦七郎博士の層位的発掘の再検討—宮城県里浜（宮戸島）貝塚の資料による」『古代文化』四八—一

二〇〇〇「縄文時代の石器製作工具—宮城県里浜貝塚出土品を例として—」『佐藤広史君追悼論文集　一所懸命』

二〇〇四「里浜貝塚の集落景観—縄文時代後期後葉から晩期の姿—」『郡山女子大学研究紀要』四〇

二〇〇六「角器の技術論—里浜貝塚ＨＳＯ地点出土資料を例として—」『古代文化』五八—四

岡村道雄　一九九四『海辺の縄文物語』

加藤孝　一九五九「考古学上よりみた塩竈市周辺の遺跡」塩竈市史編纂委員会編『塩竈市史　Ⅲ　別編』

後藤勝彦　一九五六「宮城県宮戸島里浜台囲貝塚の研究」『宮城県の歴史と地理』一

齋藤良治　一九六〇「宮城県鳴瀬町宮戸台囲貝塚の研究—昭和三〇年度Ｃトレンチ—」『宮城県の歴史と地理』三

東北歴史資料館　一九八二—九七『里浜貝塚Ⅰ—Ⅸ』

鳴瀬町教育委員会・奥松島縄文村歴史資料館　一九九七—二〇〇〇『里浜貝塚　平成八—一一年度発掘調査概報』

早坂一郎　一九一九「宮戸島先史住民遺跡概報」『現代之科学』七—一

藤沼邦彦　一九七五「宮城県における縄文時代研究略史（江戸時代—昭和二〇年）」『東北歴史資料館研究紀要』一

松本彦七郎　一九一九「宮戸島里浜介塚人骨の埋葬状態（予報）」『現代之科学』七—二

一九一九「宮戸島里浜介塚の分層的発掘成績」『人類学雑誌』三四—九

吉川昌伸・吉川純子　二〇〇〇「宮城県宮戸島里浜貝塚における過去四〇〇〇年間の環境変遷」『日本第四紀学会講演要旨集』三〇

米田穣　二〇〇〇「里浜貝塚出土人骨試料の炭素・窒素安定同位体比に基づく食性復元と放射性炭素年代測定」『里浜貝塚平成一一年度発掘調査概報』

奥松島縄文村歴史資料館

・宮城県東松島市宮戸字里81―18
・電話　０２２５（８８）３９２７
・開館時間　９：00〜16：30
・休館日　水曜日、年末年始
・入館料　大人４００円、高校生３００円、小中学生１５０円
・交通　ＪＲ仙石線・野蒜駅下車、約５キロ（バスはない。タクシーで10分弱）。車で三陸自動車道・鳴瀬奥松島ＩＣより約20分。

奥松島縄文村歴史資料館の展示室

「さとはま縄文の里史跡公園」の貝層観察館

・里浜貝塚の入口にあたる宮戸島里地区に立地し、里浜貝塚のガイダンス的役割を果たすとともに、里浜貝塚から出土した縄文土器や骨角器、石器、装身具、縄文人の食料である魚や獣の骨などを展示し、縄文人の暮らしをわかりやすく紹介している。また企画展や土器づくりなどの体験学習、縄文村講座などのイベントも盛んにおこなっている。

・二〇〇八年春の「さとはま縄文の里史跡公園」正式オープンに向け、里浜の海や森を肌で感じられる体験型野外博物館として、里浜貝塚各地区をめぐる散策路や貝層観察館、貝塚・製塩炉露出展示などの整備が進められている。

東北歴史博物館

・宮城県多賀城市高崎１―22―１
・電話　０２２（３６８）０１０１
・開館時間　９：30〜17：00
・休館日　月曜日、年末年始
・入館料　大人４００円、小中高校生無料
・交通　ＪＲ東北本線・国府多賀城駅下車、徒歩１分。ＪＲ仙石線・多賀城駅下車、徒歩約25分またはタクシー約10分。車で東北自動車道・泉ＩＣより約30分。
・旧石器時代から近現代までの東北地方全体の歴史を時代別に展示。縄文時代コーナーの「仙台湾と東北各地の貝塚」で、里浜貝塚ほか仙台湾の貝塚の出土品をみることができる。

刊行にあたって

「遺跡には感動がある」。これが本企画のキーワードです。

あらためていうまでもなく、専門の研究者にとっては遺跡の発掘こそ考古学の基礎をなす基本的な手段です。また、はじめて考古学を学ぶ若い学生や一般の人びとにとって「遺跡は教室」です。

日本考古学では、もうかなり長期間にわたって、発掘・発見ブームが続いています。そして、毎年厖大な数の発掘調査報告書が、主として開発のための事前発掘を担当する埋蔵文化財行政機関や地方自治体などによって刊行されています。そこには専門研究者でさえ完全には把握できないほどの情報や記録が満ちあふれています。しかし、その遺跡の発掘によってどんな学問的成果が得られたのか、その遺跡やそこから出た文化財が古い時代の歴史を知るためにいかなる意義をもつのかなどといった点を、莫大な記述・記録の中から読みとることははなはだ困難です。ましてや、考古学に関心をもつ一般の社会人にとっては、刊行部数が少なく、数があっても高価なその報告書を手にすることすら、ほとんど困難といってよい状況です。

いま日本考古学は過多ともいえる資料と情報量の中で、考古学とはどんな学問か、また遺跡の発掘から何を求め、何を明らかにすべきかといった「哲学」と「指針」が必要な時期にいたっていると認識します。

本企画は「遺跡には感動がある」をキーワードとして、発掘の原点から考古学の本質を問い続ける試みとして、日本考古学が存続する限り、永く継続すべき企画と決意しています。いまや、考古学にすべての人びとの感動を引きつけることが、日本考古学の存立基盤を固めるために、欠かせない努力目標の一つです。必ずや研究者のみならず、多くの市民の共感をいただけるものと信じて疑いません。

監　修　戸沢　充則

編集委員　石川日出志　小野　正敏

勅使河原彰　佐々木憲一

著者紹介

会田容弘（あいた・よしひろ）

1956年山形県山形市生まれ。山形大学人文学部卒業。東北大学大学院文学研究科博士課程後期国史学専攻中退。1992年から2000年まで奥松島縄文村歴史資料館学芸員として勤務。

現在　郡山女子大学短期大学部文化学科講師

おもな著作　「東北地方における後期旧石器時代石器群の剝片剝離技術の研究」『加藤稔先生還暦記念　東北文化論のための先史学歴史学論集』、「頁岩製石刃石器群の比較研究—山形県新庄盆地の石器群分析を中心として—」『考古学雑誌』79－2、「角器の技術論—里浜貝塚HSO地点出土資料を例として—」『古代文化』58－4

写真提供

奥松島縄文村歴史資料館：図1、4、6～8、13、15、18、20～24、27～32、36～38、40、41、43、45～52、55～59、62、63

東北歴史博物館：図9～12、17、26、33～35、39、60、61

図版出典（一部改変）

図2：国土地理院5万分の1地形図「松島」「塩竈」

図3：東北歴史資料館『宮城県の貝塚』

図5：吉川昌伸・吉川純子「宮城県宮戸島里浜貝塚における過去4000年間の環境変遷」

図14、16、19、25：東北歴史資料館『里浜貝塚Ⅶ』

図42、53：東北歴史資料館『里浜貝塚Ⅴ・Ⅵ』

図44：奥松島縄文村歴史資料館『里浜貝塚』

図54：米田穣「里浜貝塚出土人骨試料の炭素・窒素安定同位体比に基づく食性復元と放射性炭素年代測定」

シリーズ「遺跡を学ぶ」041

松島湾の縄文カレンダー・里浜貝塚《さとはまかいづか》

2007年11月30日　第1版第1刷発行

著　者＝会田容弘

発行者＝株式会社 新 泉 社

東京都文京区本郷2-5-12

振替・00170-4-160936番　TEL03(3815)1662／FAX03(3815)1422

印刷／萩原印刷　製本／榎本製本

ISBN978-4-7877-0831-1　C1021

シリーズ「遺跡を学ぶ」

A5判／96頁／定価1500円＋税

第Ⅰ期（全31冊・完結）

01 北辺の海の民・モヨロ貝塚　米村　衛
02 天下布武の城・安土城　木戸雅寿
03 古墳時代の地域社会復元・三ツ寺Ⅰ遺跡　若狭　徹
04 原始集落を掘る・尖石遺跡　勅使河原彰
05 世界をリードした磁器窯・肥前窯　大橋康二
06 五千年におよぶムラ・平出遺跡　小林康男
07 豊饒の海の縄文文化・曽畑貝塚　木﨑康弘
08 未盗掘石室の発見・雪野山古墳　佐々木憲一
09 氷河期を生き抜いた狩人・矢出川遺跡　堤　隆
10 描かれた黄泉の世界・王塚古墳　柳沢一男
11 江戸のミクロコスモス・加賀藩江戸屋敷　追川吉生
12 北の黒曜石の道・白滝遺跡群　木村英明
13 古代祭祀とシルクロードの終着地・沖ノ島　弓場紀知
14 黒潮を渡った黒曜石・見高段間遺跡　池谷信之
15 縄文のイエとムラの風景・御所野遺跡　高田和徳
16 鉄剣銘一一五文字の謎に迫る・埼玉古墳群　高橋一夫
17 石にこめた縄文人の祈り・大湯環状列石　秋元信夫
18 土器製塩の島・喜兵衛島製塩遺跡と古墳　近藤義郎
19 縄文の社会構造をのぞく・姥山貝塚　堀越正行
20 大仏造立の都・紫香楽宮　小笠原好彦
21 律令国家の対蝦夷政策・相馬の製鉄遺跡群　飯村　均
22 筑紫政権からヤマト政権へ・豊前石塚山古墳　長嶺正秀
23 弥生実年代と都市論のゆくえ・池上曽根遺跡　秋山浩三
24 最古の王墓・吉武高木遺跡　常松幹雄
25 石槍革命・八風山遺跡群　須藤隆司
26 大和葛城の大古墳群・馬見古墳群　河上邦彦
27 南九州に栄えた縄文文化・上野原遺跡　新東晃一
28 泉北丘陵に広がる須恵器窯・陶邑遺跡群　中村　浩
29 東北古墳研究の原点・会津大塚山古墳　辻　秀人
30 赤城山麓の三万年前のムラ・下触牛伏遺跡　小菅将夫
別01 黒耀石の原産地を探る・鷹山遺跡群　黒耀石体験ミュージアム

第Ⅱ期（全20冊・好評刊行中）

31 日本考古学の原点・大森貝塚　加藤　緑
32 斑鳩に眠る二人の貴公子・藤ノ木古墳　前園実知雄
33 聖なる水の祀りと古代王権・天白磐座遺跡　辰巳和弘
34 吉備の弥生大首長墓・楯築弥生墳丘墓　福本　明
35 最初の巨大古墳・箸墓古墳　清水眞一
36 中国山地の縄文文化・帝釈峡遺跡群　河瀬正利
37 縄文文化の起源をさぐる・小瀬ヶ沢・室谷洞窟　小熊博史
38 世界航路へ誘う港市・長崎・平戸　川口洋平
39 武田軍団を支えた甲州金・湯之奥金山　谷口一夫
40 中世瀬戸内の港町・草戸千軒町遺跡　鈴木康之
41 松島湾の縄文カレンダー・里浜貝塚　会田容弘